Oscar Wilde
Jassen Ghiuselev

Das Sternenkind
und andere Märchen

Rowohlt

rororo rotfuchs
Herausgegeben von Ute Blaich
und Renate Boldt

Veröffentlicht im Rowohlt Taschenbuch Verlag GmbH,
Reinbek bei Hamburg, September 1997
Die Erzählungen der vorliegenden Ausgabe wurden
dem rotfuchs Band «Der Geburtstag der Infantin»
entnommen.
Copyright © 1988 by Winkler Verlag, München
Copyright © 1996 by Artemis & Winkler,
Düsseldorf/Zürich
Copyright © 1996 by Rowohlt Taschenbuch
Verlag GmbH,
Reinbek bei Hamburg
Umschlaggestaltung Beate Becker/Barbara Hanke
Umschlagillustration Jassen Ghiuselev
Satz aus der Sabon (Linotronic 500)
Gesamtherstellung Clausen & Bosse, Leck
Printed in Germany
250-ISBN 3 499 20903 9

Die Schreibweise entspricht den Regeln
der neuen Rechtschreibung.

Inhalt

Das Sternenkind

Vor vielen Jahren gingen einmal zwei arme Holzfäller durch einen großen Wald nach Hause. Es war tiefer Winter und die Nacht bitterkalt. Der Schnee lag dick auf der Erde und auf den Zweigen der Bäume. Im Vorübergehen hörten sie, wie die Eiseskälte links und rechts von ihnen die kleinen Zweige brach; und als sie an den Wasserfall kamen, der vom Berg sich herabstürzt, hing er bewegungslos in der Luft: Die Eiskönigin hatte ihn geküsst.

So kalt war es, dass selbst die Tiere und die Vögel nicht wussten, was sie dagegen tun sollten.

«Huu!», knurrte der Wolf, als er durchs Unterholz schnürte, den Schwanz zwischen seinen Beinen. «Das ist ein vollkommen scheußliches Wetter. Warum tut die Regierung nichts dagegen?»

«Wit, wit, wit», zwitscherten die grünen Hänflinge, «die alte Erde ist tot; sie haben sie schon aufgebahrt in ihrem weißen Totenhemd.»

«Die Erde will sich verheiraten, 's ist ihr Brautkleid», flüsterten die Turteltauben einander zu. Ihre kleinen rosaroten Füße waren schon ganz zerbissen vom Frost, und trotzdem hielten sie es immer noch für ihre Pflicht, die Sache ein wenig romantisch zu betrachten.

«Unsinn!», grollte der Wolf. «Ich sage euch, es ist die Nachlässigkeit der Regierung, und wenn ihr mir nicht glaubt, fress ich euch.» Der Wolf dachte immer so handgreiflich und er fand immer einen Anlass dazu.

«Hm, ich für mein Teil», sagte der Specht, der ein geborener Philosoph war, «ich pfeife auf Erklärungen. Ist einmal etwas so, gut, dann ist es eben so, und gegenwärtig ist es schrecklich kalt.»

Und schrecklich kalt war es wirklich.

Die kleinen Eichhörnchen, die im Stamm der hohen Kiefer lebten, rieben einander die Nasen ohne Aufhören, um einigermaßen warm zu bleiben, und die wilden Kaninchen rollten sich ein in ihren Höhlen und wagten nicht nachzusehen, wie's draußen sei. Die einzigen Bewohner des Waldes, die sich über dies Wetter zu freuen schienen, waren die großohrigen Eulen. Ihre Gefieder waren ganz steif vom Reif, was ihnen aber gar nichts ausmachte; sie rollten ihre großen gelben Augen und riefen einander durch den ganzen Wald hin zu: «Tjuwitt! Tjuwuu! Tjuwitt! Tjuwuu! Was für ein herrliches Wetter wir haben!»

Weiter und weiter stapften die zwei Holzfäller, bliesen munter auf ihre Finger und stampften mit ihren schweren eisenbeschlagenen Stiefeln auf den harten Schnee. Einmal sanken sie in eine tiefe Schneewehe und kamen daraus hervor so weiß wie Müller, wenn die Mühlsteine gerade Korn mahlen. Einmal glitten sie aus auf dem harten, glatten Eis, wo das Wasser des Bruches gefroren war, und die Holzscheite, die sie mit sich trugen, rutschten aus ihren Bündeln und sie mussten sie wieder aufklauben und neu zusammenbinden. Und einmal glaubten sie, den Weg verloren zu haben, und sie hatten große Angst; denn sie wussten, dass der Schnee grausam war, wenn jemand in seinen Armen einschlief. Doch sie vertrauten auf den guten heiligen Martin, der alle Wanderer beschützt, gingen ihre Spur zurück und dann achtsam weiter, bis sie endlich den Waldrand erreichten und, weit entfernt noch, unten im Tale die Lichter des Dorfes erblickten, in dem sie wohnten.

Sie hatten so große Freude über ihre Rettung, dass sie laut auflachten. Die Erde schien ihnen eine Blume aus Silber zu sein und der Mond eine Blüte aus Gold.

Doch als sie ausgelacht hatten, wurden sie traurig, denn es fiel ihnen ihre Armut wieder ein, und der eine sagte zum andern:

«Warum waren wir nur so lustig, wo wir doch wissen, dass das Leben nur für die Reichen ist und nicht für solche, wie wir sind? Es wär wohl besser gewesen, wir wären im Wald erfroren oder irgendein wildes Tier hätte uns angefallen und getötet.»

«Ja», antwortete sein Begleiter, «viel ist den einen gegeben und wenig den andern. Ungerechtigkeit hat die Welt verteilt, nichts, nichts ist gerecht verteilt, ausgenommen vielleicht die Sorge.»

Wie sie noch einander ihr Elend klagten, geschah etwas Seltsames. Es fiel vom Himmel ein heller und wundervoller Stern. An der Himmelswand flog er nieder, vorbei an den andern Sternen, und es schien ihnen, wie sie so staunend schauten, dass der Stern hinter den Weiden, die nahe bei einer Schafhürde standen, niedergesunken wäre, kaum mehr als einen Steinwurf von ihnen entfernt.

«Hei! 's ist ein Klumpen Gold für den, der ihn findet», riefen sie und rannten in

der Richtung davon, wo sie das Gold vermuteten – so begierig waren sie darauf.

Der eine rannte schneller als sein Begleiter, kam ihm zuvor und bahnte sich einen
Weg durch die Weidenbüsche. Er kam hindurch und auf die andere Seite und siehe!,
dort lag wirklich etwas wie von Gold im
weißen Schnee. Er eilte drauf zu, bückte
sich nieder und berührte es mit seinen
Händen. Es war ein Tuch aus Goldgewebe,
fremdartig durchwirkt mit Sternen und
oftmals um etwas herumgeschlagen. Der
Holzfäller schrie seinem Gefährten zu,
dass er den Schatz, der vom Himmel gefallen war, gefunden habe, und als sein Gefährte zu ihm kam, legten sie das Bündel
wieder in den Schnee nieder und wickelten
die Tuchhülle auf, um die Goldstücke zu
teilen. Doch oh! Kein Gold war darin, kein
Silber noch überhaupt irgendein Schatz,
sondern nur ein kleines Kind, das ruhig
schlief.

Da sagte der eine zum andern: «So sind

wir wieder einmal von unsrer Hoffnung betrogen worden. Das Schicksal meint es nicht gut mit uns, denn was hilft ein Kind schon einem Menschen? Lass es hier liegen und uns fortgehn. Du weißt, wir sind arme Leute und haben selbst Kinder genug, deren Brot wir nicht noch mit einem andern teilen dürfen.»

Aber sein Begleiter antwortete ihm: «Nein, es wär nicht recht, das Kind hier liegen zu lassen, dass es im Schnee zugrund ginge. Obwohl ich arm bin, so arm wie du, und viele Mäuler zu füttern habe und wenig im Topf, ich will's trotzdem mit nach Haus nehmen und meine Frau soll sorgen dafür.»

So nahm er denn das Kind sanft an sich, hüllte es wieder ins Tuch, um es vor der grimmigen Kälte zu schützen, und ging den Hügel hinab zum Dorf und mit ihm sein Gefährte, der sich sehr über seine Dummheit und sein weiches Herz wunderte.

Als sie zum Dorf kamen, sagte sein Gefährte zu ihm: «Du hast das Kind, gut, so gib mir also das Tuch; denn es ist nur billig, dass wir teilen.»

Doch dieser antwortete ihm: «Nein, das Tuch gehört weder mir noch dir, sondern allein dem Kind.» Er grüßte, ging zu seinem eignen Haus und klopfte an.

Als sein Weib die Tür öffnete und sah, dass ihr Mann glücklich zu ihr zurückgekommen war, legte sie ihre Arme um seinen Hals und küsste ihn, nahm das Bündel Holz von seinem Rücken, kehrte den Schnee von seinen Stiefeln und bat ihn einzutreten.

Doch er sagte zu ihr: «Ich habe was im Wald draußen gefunden und dir mitgebracht, damit du dich drum kümmerst»; und er rührte sich nicht von der Schwelle.

«Was hast du denn?», rief sie. «Zeig her, denn im Haus fehlt manches und wir können vieles gebrauchen.» Und er schlug das Tuch zurück und zeigte ihr das schlafende Kind.

«Ach, guter Mann», murmelte sie da, «haben wir denn nicht genug Kinder, dass du unbedingt noch so einen Wechselbalg ins Haus bringen musst?» Und sie war sehr zornig auf ihn.

«Aber es ist doch ein Sternenkind», antwortete er; und er erzählte ihr, auf welch seltsame Weise er das Kind gefunden hatte.

Sein Weib ließ sich aber nicht beschwichtigen in ihrem Zorn, sondern verhöhnte ihn und sagte: «Unsere Kinder haben schon kein Brot, womit sollen wir dann das Kind eines andern füttern? Wo ist der, welcher für uns sorgt? Und wer gibt uns zu essen?»

«Oh, Gott sorgt selbst für die Sperlinge und füttert sie», antwortete er.

«Sterben im Winter nicht die Sperlinge vor Hunger?», fragte sie. «Ist es nicht gerade Winter?» Der Holzfäller aber antwortete ihr nicht und ging nicht von der Schwelle.

Ein kalter Wind blies vom Wald her

durch die offene Tür und ließ sie vor Kälte zittern. Da sagte sie: «Willst du nicht die Tür schließen? Es kommt der kalte Wind ins Haus und mich friert.»

«Bläst nicht immer ein kalter Wind durch ein Haus, in dem die Herzen verhärtet sind?», fragte er. Die Frau aber sagte nichts, sondern kroch nur näher ans Feuer.

Nach einer Weile wandte sie sich ihm zu und blickte ihn an und ihre Augen waren voll Tränen. Schnell trat er da ein und legte ihr das Kind in die Arme, und sie küsste es und legte es dann in das kleine Bett, wo das jüngste ihrer Kinder schlief. Und am Morgen nahm der Holzfäller das eigenartige goldene Tuch und verschloss es in einer großen Truhe; dazu legte er die Bernsteinkette, die um den Hals des Kindes war.

So wuchs nun das Sternenkind mit den Kindern des Holzfällers heran, saß am selben Tisch mit ihnen und war ihr Gespiele. Und mit jedem Jahr ward es schöner anzuschaun, sodass alle, die im Dorfe wohnten, voll Staunen darüber waren; denn während sie braun und schwarzhaarig waren, war es weiß und zart wie Elfenbein und seine Locken waren wie die Blüten der gelben Narzisse. Seine Lippen glichen den Blütenblättern einer roten Blume und seine Augen den Veilchen am klaren Bach und sein Leib war wie die Narzisse auf einer Wiese, die des Schnitters Sichel verschont.

Aber seine Schönheit geriet ihm zum Bösen. Es wurde stolz und grausam und eigensüchtig. Die Kinder des Holzfällers und die andern Kinder im Dorf verachtete es und sagte ihnen, dass sie von niederer Herkunft seien, während es edel geboren sei, stammte es doch von einem Stern; und es machte sich zum Herrn über sie und betrachtete sie als seine Diener. Das Sternenkind hatte auch kein Mitleid mit den Armen oder mit jenen Leuten, die blind waren oder verkrüppelt oder sonst ein Gebrechen hatten; es warf mit Steinen nach ihnen, trieb sie vor sich her auf der Straße und befahl ihnen, anderswo ihr Brot zu erbetteln, sodass niemand mehr außer den Geächteten zweimal ins Dorf kam, um Almosen zu erbitten. Ja, es war wie einer, der, in die Schönheit verliebt, die Schwachen und Hässlichen verhöhnt und seinen Spott mit ihnen treibt. Sich selbst liebte es wohl, und im Sommer, wenn die Winde ruhig waren, lag es draußen am Brunnen im Garten des Priesters und blickte hinab auf das Wunder seines Spiegelbildes und lachte dann vor Freude über seine Schönheit.

Oft schalten es der Holzfäller und seine Frau und sagten: «Wir waren nicht so zu dir, wie du zu jenen bist, die trostlos und einsam sind und niemanden haben, der ihnen hülfe. Warum bist du so grausam zu allen, die Mitleid so nötig brauchen?»

Oft sandte der Priester nach ihm und suchte es die Liebe zu allen lebenden Wesen zu lehren. «Die Fliege ist dein Bruder», sagte er, «tu ihr nichts zuleide. Die wilden Vögel, die durch den Wald huschen, haben ihre Freiheit. Fang sie nicht zu deinem Vergnügen. Gott schuf die Blindschleiche und den Maulwurf und jedes hat seinen Platz. Und wer bist du, dass du Schmerz in Gottes Welt bringen solltest? Selbst die Rinder auf den Wiesen loben Ihn.»

Doch das Sternenkind achtete nicht auf diese Worte, verzog höchstens den Mund und spottete, ging zurück zu seinen Gespielen und führte sie an. Und seine Gespielen folgten ihm, denn es war schön und schnellfüßig und konnte tanzen und pfeifen und Musik machen. Und wohin immer das Sternenkind sie führte, sie folgten ihm nach, und was immer es zu tun gebot, sie taten es.

Wenn es mit einer spitzen Gerte in die dunklen Augen des Maulwurfs stach, lachten die Gespielen, und wenn es Steine nach den Aussätzigen warf, lachten sie ebenso.

Unumschränkt gebot es über sie und sie wurden hartherzig, genauso wie das Sternenkind.

Nun, eines Tages kam ein altes Bettelweib durchs Dorf. Ihre Kleider waren zerrissen und zerfetzt, ihre Füße bluteten vom steinigen Weg, den sie gewandert war, und sie war in einem traurigen Zustand. Da sie müde war, setzte sie sich unter einem Kastanienbaum nieder und ruhte sich da aus.

Aber kaum hatte das Sternenkind die Bettelfrau gesehen, als es zu seinen Gespielen sagte: «Schaut! Dort sitzt ein schmutziges Bettelweib unter dem schönen grün belaubten Baum. Kommt, wir vertreiben sie, denn sie ist hässlich und ungestalt.»

So ging es nahe zu ihr, warf mit Steinen auf sie und verhöhnte sie; sie aber schaute das Sternenkind mit schreckgeweiteten Augen an und wandte den Blick nicht von ihm. Als der Holzfäller, der nahe in einem Schuppen Holz hackte, sah, was das Sternenkind tat, eilte er hinzu, schalt es und sagte zu ihm: «Wahrlich, du hast ein hartes Herz und kennst kein Erbarmen. Was hat dir denn diese arme Frau getan, dass du sie auf diese Weise behandelst?»

Das Sternenkind wurde rot vor Zorn, stampfte mit den Füßen auf den Boden und sagte: «Wer bist du, dass du mich danach fragst, was ich tue? Ich bin nicht dein Sohn, dass ich dir gehorchen müsste.»

«Du hast Recht», antwortete der Holzfäller, «und doch hatte ich Mitleid mit dir, als ich dich damals im Wald fand.»

Und als das Weib diese Rede hörte, schrie sie auf und wurde ohnmächtig. Der Holzfäller nahm sie, trug sie in sein Haus, und seine Frau kümmerte sich um sie. Als sie aus der Ohnmacht erwachte, setzten sie ihr Essen und Trinken vor und baten sie, guten Mutes zu sein.

Doch sie wollte weder essen noch trinken, sondern sagte zum Holzfäller: «Hast du nicht gesagt, dass das Kind im Wald ge-

22

funden worden ist? Und ist es nicht zehn Jahre her, dass es geschah?»

Der Holzfäller antwortete: «Ja, es war im Wald und nun ist's zehn Jahre her, dass ich das Kind gefunden habe.»

«Und hast du nichts bei ihm gefunden», rief sie. «Hat es nicht eine Kette aus Bernstein um den Hals gehabt? Und ist es nicht in ein goldenes Tuch, gestickt mit Sternen, gewickelt gewesen?»

«Wahrhaftig», sagte der Holzfäller, «es war so, wie du sagst!» Und er nahm das Tuch und die Bernsteinkette aus der Truhe, in der sie aufbewahrt waren, und zeigte ihr die Dinge.

Und als die Frau sie sah, weinte sie vor Freude und sagte: «Es ist mein kleiner Sohn, den ich im Wald verloren habe. Ich bitte dich, schicke schnell nach ihm, denn die ganze Welt habe ich durchwandert und nach ihm gesucht.»

Der Holzfäller und seine Frau gingen vors Haus hinaus und riefen das Sternenkind und sagten zu ihm: «Geh ins Haus; dort wirst du deine Mutter finden, die auf dich wartet.»

So lief es hinein voll Verwunderung und großer Freude. Doch als es die Frau sah, die dort wartete, lachte es verächtlich und sagte: «Nun, wo ist meine Mutter? Ich sehe niemanden hier als dieses gemeine Bettelweib.»

Doch die Frau antwortete ihm: «Ich bin deine Mutter.»

«Du bist wahnsinnig, so etwas zu sagen», schrie das Sternenkind zornig. «Ich bin nicht dein Sohn, denn du bist eine Bettlerin und hässlich und in Lumpen. Deshalb geh fort von hier und lass mich nie wieder dein schmutziges Gesicht sehen.»

«Oh, du bist wirklich mein kleiner Sohn, den ich im Wald geboren habe», rief sie, fiel auf die Knie und streckte die Hände nach ihm aus. «Die Räuber haben dich gestohlen und dich verlassen, damit du sterben solltest», sagte sie mit trauriger

Stimme, «doch ich erkannte dich, als ich dich sah, und die Dinge, die bei dir waren, hab ich auch erkannt: das Tuch aus Goldgewebe und die Bernsteinkette. Deshalb bitt ich dich: Komm mit mir; denn durch die ganze Welt bin ich gewandert und habe nach dir gesucht. Komm mit mir, mein Kind, denn ich brauche deine Liebe.»

Aber das Sternenkind rührte sich nicht von der Stelle, sondern schloss die Türen seines Herzens vor ihr; und kein Laut war zu hören als das schmerzvolle Schluchzen der Bettelfrau.

Schließlich sprach es sie an und seine Stimme war grausam und bitter. «Wenn du wirklich meine Mutter bist», sagte es, «so wär es besser gewesen, du wärest fortgeblieben und nicht hierher gekommen, um mir Schande zu bringen; ich hatte doch geglaubt, das Kind eines Sternes zu sein und nicht das Kind eines Bettlers, wie du sagst. So scher dich fort, lass dich hier nie wieder blicken.»

«Ach, mein Kind», rief sie, «willst du mich nicht küssen, bevor ich gehe? Ich habe viel erduldet, um dich zu finden.»

«Nein», sagte das Sternenkind, «du bist zu hässlich, als dass ich dich anschauen könnte; eher würde ich die Natter küssen oder die Kröte als dich.»

Da stand die Frau auf und ging weinend fort in den Wald. Das Sternenkind war froh, als sie gegangen war, und lief zurück zu seinen Gefährten, um weiter mit ihnen zu spielen.

Allein, als sie das Sternenkind kommen sahen, verspotteten sie es und riefen: «Pfui, du bist abscheulich wie die Kröte und ekelhaft bist du wie die Natter. Scher dich weg, wir wollen dich nicht mehr mit uns spielen lassen.» Und sie trieben es aus dem Garten.

Das Sternenkind zog die Stirn kraus und sagte zu sich selber: «Was bedeutet denn das, was sie zu mir sagen? Ich werde zum Brunnen gehen und hinabschauen und der

Spiegel des Wassers soll mir meine Schönheit zeigen.»

So ging es denn zum Brunnen und schaute hinab und siehe!, sein Gesicht war wie das Gesicht einer Kröte und sein Körper geschuppt wie der Körper einer Natter. Und es warf sich aufs Gras nieder und weinte und sagte zu sich selbst: «Das kam gewiss von meiner Sünde. Ich habe meine Mutter verleugnet und sie fortgeschickt und bin stolz gewesen zu ihr und grausam. Deshalb will ich fortgehen und sie suchen auf der ganzen Welt, und ich will nicht eher rasten, bis ich sie gefunden habe.»

Wie es so zu sich selber sprach, kam die Tochter des Holzfällers zu ihm, legte ihre Hand auf seine Schulter und sagte: «Was macht's schon, wenn du deine Schönheit verloren hast! Bleib bei uns, ich will dich nicht verspotten.»

Und das Sternenkind sagte zu ihr: «Nein, ich bin grausam zu meiner Mutter gewesen und zur Strafe muss ich so hässlich sein. Ich muss fort von hier und durch die Welt wandern, bis ich sie finde und sie mir verzeiht.»

Darauf lief es fort in den Wald und rief nach seiner Mutter, dass sie zu ihm kommen möchte; aber niemand antwortete. Den ganzen Tag über rief es nach ihr, und als die Sonne unterging, legte sich das Sternenkind auf ein Lager aus Blättern, um auszuruhen; und die Vögel und Tiere flohen vor ihm, denn sie erinnerten sich an seine Grausamkeit. So war es ganz allein bis auf die Kröte, die es beäugte, und die langsame Natter, die an ihm vorüberkroch.

Am Morgen stand es auf, pflückte einige bittere Beeren von den Bäumen und aß sie, und dann machte es sich weinend auf den Weg durch den großen Wald. Und alle Lebewesen, die es traf, fragte es, ob sie nicht seine Mutter gesehen hätten.

Zum Maulwurf sagte es: «Du kannst unter die Erde kriechen, sag mir, ist meine Mutter dort?»

Aber der Maulwurf antwortete: «Du hast meine Augen blind gemacht, wie sollt ich dir's sagen können?»

Zum Hänfling sagte es: «Du kannst über die Wipfel der hohen Bäume fliegen und kannst die ganze Welt sehen. Sag mir, kannst du meine Mutter sehen?»

Aber der Hänfling antwortete: «Du hast mir zu deinem Vergnügen die Flügel abgeschnitten. Wie könnt ich da noch fliegen?»

Und zum Eichhörnchen, das in der Kiefer wohnte und einsam war, sagte es: «Wo ist meine Mutter?»

Das Eichhörnchen antwortete: «Du hast die meine getötet. Willst du nun auch noch deine Mutter töten?»

Das Sternenkind weinte, neigte tief seinen Kopf und bat Gottes Kreaturen um Verzeihung. Dann ging es weiter durch den Wald, immerfort nach der Bettelfrau suchend. Am dritten Tag kam es an das andere Ende des Waldes und schritt hinab in die Ebene.

Und als es durch die Dörfer kam, spotteten die Kinder seiner und warfen mit Steinen nach ihm. Und so scheußlich war es anzuschaun, dass die Bauern ihm nicht erlaubten, in den Scheunen zu schlafen, damit es nicht den Mehltau unters gespeicherte Korn brächte; und die Knechte der Bauern trieben es fort und keinen gab es, der Mitleid mit ihm hatte. Und nirgendwo hörte es von der Bettelfrau, die seine Mutter war, obgleich es drei Jahre durch die Welt wanderte. Oft glaubte es, die Bettelfrau vor sich zu sehen, und es rief ihr und eilte ihr nach, bis es seine Füße auf den scharfen Kieseln wund lief. Einholen aber konnte es sie nicht und die Leute, die zuseiten des Weges wohnten, leugneten, sie gesehen zu haben oder eine, die ihr hätte gleichen mögen; sie hatten nur ihren Spaß an seinem Schmerz.

Drei Jahre lang wanderte es durch die Welt und in der Welt war weder Liebe für das Sternenkind noch Güte, noch Erbarmen; die Welt war so, wie es sie selbst geschaffen hatte während der Zeit, da es noch so stolz gewesen war.

Eines Abends nun kam es ans Tor einer stark befestigten Stadt, die an einem Flusse lag, und obgleich es müde war und die Füße schmerzten, wollte es in die Stadt hineingehen. Aber die Soldaten, die als Wachen am Tor standen, hielten die gesenkten Hellebarden vor den Eingang zur Stadt und sagten zu ihm: «Was willst du in der Stadt?»

«Ich suche meine Mutter», antwortete das Sternenkind, «und ich bitte euch, mich hineinzulassen; denn vielleicht ist sie in der Stadt.»

Die Soldaten aber verhöhnten es und einer von ihnen wackelte mit seinem schwarzen Bart, stellte den Schild auf die Erde und rief: «Bei meiner Ehre, deine Mutter wird sich kaum freuen, wenn sie dich sieht; denn du bist hässlicher als die Kröte im

Moor draußen oder die Natter, die im Schlamm kriecht. Scher dich weg! Scher dich weg! Deine Mutter wohnt nicht in dieser Stadt.»

Und ein anderer, der eine gelbe Fahne in der Hand hielt, sagte zu ihm: «Wer ist deine Mutter und warum suchst du sie?»

Und das Sternenkind antwortete: «Meine Mutter ist ein Bettler wie ich. Ich habe sie schlecht behandelt und ich bitte euch, lasst mich in die Stadt, damit sie mir wieder verzeihe, wenn sie in dieser Stadt wohnt.» Doch sie ließen es nicht zu und stachen nach ihm mit ihren Lanzen.

Weinend wandte es sich ab, und einer, dessen Panzer mit goldnen Blumen eingelegt war und auf dessen Helmspitze ein geflügelter Löwe kauerte, kam herbei und fragte die Soldaten, wer es sei, der in die Stadt wolle. Und sie sagten zu ihm: «Es ist ein Bettler und das Kind eines Bettlers; wir treiben es fort.»

«Nein», rief er lachend, «wir verkaufen

das hässliche Ding als Sklave und der Preis dafür soll ein Krug süßen Weines sein.»

Ein alter Mann mit einem bösen Gesicht, der gerade vorüberging, hörte es und rief ihm zu: «Ich will es kaufen zu diesem Preis.» Und als er das Sternenkind für diesen Preis gekauft hatte, nahm er es bei der Hand und führte es in die Stadt.

Nachdem sie viele Straßen durchwandert hatten, kamen sie zu einer kleinen Tür, die durch eine Mauer führte, welche ganz hinter einem Granatapfelbaum verborgen war. Der Alte klopfte mit einem Ring aus geschnittenem Jaspis und die Türe öffnete sich. Sie schritten fünf messingne Stufen hinab in einen Garten voll schwarzer Mohnblumen und grünen Krügen aus gebranntem Ton. Der Alte nahm von seinem Turban einen Schal aus Seide, in den Figuren gewebt waren, band ihn dem Sternenkind vor die Augen und stieß es vor sich her. Und als der Schal von seinen Augen weggenommen ward, sah sich das Sternenkind in einem Verlies, das von einer beinernen Laterne kaum erleuchtet war.

Der Alte setzte ihm auf einem Holzteller etwas verschimmeltes Brot vor und sagte: «Iss!» Und gab ihm etwas salziges Wasser in einem Becher und sagte: «Trink!» Und als es gegessen und getrunken hatte, ging der alte Mann hinaus, schloss die Tür hinter sich zu und befestigte daran eine eiserne Kette.

Am Morgen kam der Alte, der in Wirklichkeit der größte der libyschen Zauberer war und seine Kunst von einem Zauberer gelernt hatte, der in den Gräbern am Nil wohnte, zum Sternenkind, blickte es finster an und sagte: «In einem Wald nahe dem Tor dieser Stadt von Christenhunden sind drei Stücke Gold. Eines ist aus weißem, eines aus gelbem und das dritte ist aus rotem Gold. Heute sollst du mir das weiße Stück Gold holen, und wenn du's nicht mit

34

zurückbringst, wirst du hundert Schläge bekommen. Geh nun, aber eile dich, und beim Sonnenuntergang werde ich an der Tür des Gartens auf dich warten. Sieh zu, dass du das weiße Stück Gold bringst, oder es ergeht dir schlecht; denn du bist mein Sklave, und ich habe dich um den Preis eines Kruges süßen Weins gekauft.» Und damit verband er wieder die Augen des Sternenkindes mit dem Schal, in den Figuren gewebt waren, führte es durch das Haus und durch den Garten mit den Mohnblumen und die fünf Messingstufen hinauf, öffnete die kleine Tür mit seinem Ring und schob das Sternenkind auf die Straße.

Das Sternenkind ging darauf durchs Tor hinaus aus der Stadt und kam in den Wald, den ihm der Zauberer genannt hatte.

Nun, der Wald war herrlich anzuschauen und schien voll singender Vögel und süß duftender Blüten und das Sternenkind ging fröhlich hinein. Aber die Schönheit des Waldes kam ihm wenig zugute. Wohin es auch trat, da schossen von der Erde plötzlich raue Sträucher und Dornen empor und umschlossen es, scharfe Brennnesseln brannten es und die Distel stach es mit ihren Dolchen, sodass es in große Bedrängnis kam. Auch konnte es nirgends das Stück weißen Goldes finden, wie ihm der Zauberer gesagt hatte, obgleich es danach vom frühen Morgen an bis zum Mittag suchte und vom Mittag bis zum Abend. Schließlich machte es sich bei untergehender Sonne auf den Weg zum Haus des Zauberers und weinte bitterlich; denn es wusste, welch schreckliche Strafe es erwartete.

Doch als es schon den Rand des Waldes erreicht hatte, da hörte es aus einem Dickicht hinter sich ein leises Wimmern, als ob dort jemand große Schmerzen ausstünde. Es vergaß seinen eigenen Kummer, kehrte um und eilte an das Dickicht zurück;

und dort sah es einen kleinen Hasen in einer Falle gefangen, die von einem Jäger aufgestellt worden war.

Das Sternenkind hatte Mitleid mit dem Tierchen, befreite es aus der Falle und sagte zu ihm: «Ich bin zwar auch nur ein Sklave, aber du sollst deine Freiheit haben.»

Und der Hase antwortete ihm und sagte: «Du hast mir meine Freiheit wiedergegeben, was soll ich dir dafür schenken?»

Das Sternenkind sagte zu ihm: «Ich suche nach einem Stück weißen Goldes; ich kann es aber nirgends finden. Und wenn ich es nicht nach Hause bringe, wird mich mein Herr schlagen.»

«Komm mit mir», sagte der Hase, «und ich will dich hinführen; ich weiß, wo es verborgen ist und warum.»

So ging das Sternenkind mit dem Hasen und siehe!, in dem Riss eines großen Eichenstammes lag das weiße Gold, das es suchte. Da freute sich das Sternenkind, nahm das Gold und sagte zum Hasen: «Den kleinen Dienst hast du mir vielmals vergolten, und meine Güte hast du mir hundertfach zurückgegeben.»

«Ach nein», antwortete der Hase, «ich habe nur getan, was du auch an mir getan hast.» Schnell hüpfte er davon und das Sternenkind ging der Stadt zu.

Vor dem Tor der Stadt aber saß ein Aussätziger. Über sein Gesicht hatte er eine Kapuze gestülpt und durch die Augenlöcher glühten seine Augen wie rote Kohlen. Wie er nun das Sternenkind kommen sah, schlug er auf eine hölzerne Schüssel, schüttelte seine Glocke, rief es an und sagte: «Gib mir Geld, sonst sterb ich vor Hunger. Sie haben mich aus der Stadt vertrieben und niemand ist weit und breit, der Mitleid mit mir hat.»

«O weh!», rief das Sternenkind. «Ich habe nur eine Münze in der Tasche, und bring ich sie nicht meinem Herrn, so schlägt er mich, denn ich bin sein Sklave.»

Aber der Aussätzige flehte und bat, bis das Sternenkind ihm das weiße Stück Gold schenkte.

Als es zum Haus des Zauberers kam, da öffnete ihm dieser, ließ es ein und sagte zu ihm: «Hast du das weiße Stück Gold?» Und das Sternenkind antwortete: «Ich habe es nicht.» Da fiel der Zauberer über das Sternenkind her und schlug es und stellte ihm einen leeren Holzteller hin und sagte: «Iss!», und einen leeren Becher und sagte: «Trink!» Und er warf das Sternenkind wieder in das Verlies.

Am nächsten Morgen kam der Zauberer wieder und sagte: «Wenn du mir heute nicht das Stück gelben Goldes bringst, dann werde ich dich immer als meinen Sklaven behalten und dir dreihundert Schläge geben.»

So ging denn das Sternenkind wieder in den Wald und suchte den ganzen Tag lang nach dem Stück gelben Goldes, aber es konnte das Gold nirgends finden. Als dann die Sonne unterging, setzte es sich nieder und fing an zu weinen. Und wie es so weinte, da kam der kleine Hase, den es aus der Falle befreit hatte, zu ihm.

Und der Hase sagte zu ihm: «Warum weinst du denn? Und was suchst du denn in diesem Wald?»

Da antwortete das Sternenkind: «Ich suche das gelbe Stück Gold, das hier versteckt ist, und wenn ich es nicht finde, schlägt mich mein Herr und wird mich für immer als Sklaven behalten.»

«Folge mir», rief der Hase und lief vor ihm her durch den Wald, bis er an einen kleinen Teich kam. Und auf dem Grund des Teiches lag das gelbe Stück Gold.

«Wie soll ich dir danken?», sagte das Sternenkind. «Denn sieh!, es ist schon das zweite Mal, dass du mir geholfen hast.»

«Ach nein; du hast zuerst Mitleid mit mir gehabt», sagte der Hase und hoppelte schnell hinweg.

Das Sternenkind nahm das gelbe Stück

Gold, steckte es in seine Tasche und eilte der Stadt zu. Aber wieder sah es der Aussätzige kommen und lief ihm entgegen, kniete sich vor ihm nieder und rief: «Gib mir Geld, sonst sterb ich vor Hunger.»

Das Sternenkind sagte zu ihm: «Ich habe nur ein gelbes Stück Gold in der Tasche; wenn ich es nicht meinem Herrn bringe, wird er mich schlagen und für immer als Sklaven behalten.»

Doch der Aussätzige flehte so sehr, dass das Sternenkind Mitleid mit ihm hatte und ihm das gelbe Stück Gold schenkte.

Und als es dann zum Hause des Zauberers kam, öffnete dieser ihm, ließ es ein und sagte: «Hast du das gelbe Stück Gold?» Und das Sternenkind sagte zu ihm: «Ich habe es nicht.» Da fiel der Zauberer über das Kind her und schlug es, belud es mit Ketten und warf es wiederum in das Verlies.

Am andern Morgen dann kam der Zauberer wieder und sagte: «Wenn du mir heute das Stück roten Goldes bringst, so lass ich dich frei; aber bringst du es mir nicht, so werde ich dich töten.»

So ging das Sternenkind zum dritten Mal hinaus in den Wald und suchte den ganzen Tag über nach dem Stück roten Goldes; aber es konnte das Gold nirgends finden. Und am Abend setzte es sich wieder nieder und weinte, und wie es so vor sich hin weinte, kam der kleine Hase.

Und der Hase sagte zu ihm: «Das rote Stück Gold, das du suchst, ist in der Höhle hinter dir. So weine nicht mehr, sondern sei fröhlich.»

«Wie soll ich's dir vergelten?», rief das Sternenkind. «Denn sieh!, es ist schon das dritte Mal, dass du mir geholfen hast.»

«Ach nein; du hast zuerst Mitleid mit mir gehabt», sagte der Hase und hoppelte schnell davon.

Das Sternenkind ging nun in die Höhle hinein und im hintersten Winkel fand es das Stück roten Goldes. Es steckte das

Gold in seine Tasche und eilte der Stadt zu. Der Aussätzige, der es kommen sah, stand wieder in der Mitte des Weges und rief ihm zu und sagte: «Gib mir das rote Stück Gold, sonst muss ich sterben.» Das Sternenkind hatte wiederum Mitleid mit ihm, gab ihm das rote Stück Gold und sagte: «Du brauchst es nötiger als ich.» Aber sein Herz war schwer, denn es wusste, welch hartes Schicksal es erwartete.

Aber als das Sternenkind durchs Tor der Stadt ging, siehe!, da verbeugten sich die Wachen tief vor ihm, brachten ihm ihre Huldigung dar und sagten: «Wie schön ist unser Herr!» Und eine Menge Leute folgte ihm und sie alle riefen: «Oh, niemand auf der ganzen Welt ist so schön!» Und das Sternenkind weinte und sagte zu sich selbst: «Sie verspotten mich und achten nicht mein Unglück.» Und so groß wurde die zusammenströmende Menge, dass es seinen Weg verlor und schließlich auf

43

einen großen Platz kam, auf dem der Palast eines Königs stand.

Die Tore des Palastes öffneten sich und die Priester und die hohen Würdenträger der Stadt kamen ihm entgegen, erniedrigten sich vor ihm und sprachen: «Ihr seid unser Herr, auf den wir gewartet haben, Ihr seid der Sohn unsres Königs.»

Das Sternenkind aber antwortete ihnen und sagte: «Ich bin nicht eines Königs Sohn, sondern das Kind eines armen Bettelweibes. Wie könnt ihr sagen, dass ich schön sei, wo ich doch weiß, dass ich hässlich bin?»

Da hielt jener, dessen Rüstung mit goldnen Blumen eingelegt war und auf dessen Helmspitze ein geflügelter Löwe kauerte, seinen Schild hoch und rief: «Wie kann mein Gebieter sagen, dass er nicht schön sei?»

Und das Sternenkind blickte in den erhobenen Schild, und siehe da!, sein Antlitz war genau so, wie es einst gewesen war.

Seine Anmut war zurückgekommen zu ihm und es sah etwas in seinen Augen, das es bisher noch nie darin gesehen.

Der Priester und die hohen Würdenträger knieten nieder und sagten zu ihm: «Vor langen Zeiten schon war uns prophezeit worden, dass am heutigen Tage der kommen wird, welcher über uns herrschen soll. So nehme denn unser Herr und Gebieter diese Krone und dieses Zepter und seid König über uns in aller Gerechtigkeit und Gnade.»

Aber das Sternenkind sagte zu ihnen: «Ich bin nicht wert, euer König zu sein; denn ich habe meine Mutter, die mich geboren, verleugnet, und ich darf nicht ruhen, bis ich sie gefunden habe und bis ich weiß, dass sie mir verzeiht. So lasst mich deshalb gehn; ich muss weiter durch die Welt wandern und kann hier nicht verweilen, auch wenn ihr mir Zepter und Krone bringt.» Und wie es so sprach, wandte sich sein Gesicht von den Priestern und Wür-

denträgern ab und der Straße zu, die zum Stadttor führte, und oh!, bei der Menge der Leute, die von den achtenden Soldaten zurückgehalten wurden, sah das Sternenkind die Bettelfrau, die seine Mutter war, und neben ihr stand der Aussätzige vom Wege vor dem Stadttor.

Ein Schrei der Freude brach da von seinen Lippen! Es lief zu ihnen hinüber, kniete vor ihnen nieder und küsste die Wunden an den Füßen seiner Mutter und benetzte sie mit seinen Tränen. Es neigte seinen Kopf in den Staub und, schluchzend wie einer, dessen Herz bricht, sagte es zu ihr: «Mutter, ich habe dich verleugnet, als ich noch stolz war. Nimm mich wieder an, jetzt, weil ich demütig bin. Mutter, ich habe dir Hass entgegengebracht. O bring mir deine Liebe entgegen. Mutter, ich habe dich verschmäht. Verschmähe nun dein Kind nicht.» Aber das Bettelweib antwortete ihm kein Wort.

Und das Sternenkind streckte seine

Hände aus, umschlang die weißen Füße des Aussätzigen und sagte zu ihm: «Dreimal hab ich Erbarmen mit dir gehabt. O bitte meine Mutter, dass sie nur ein einziges Wort zu mir spricht.» Aber auch der Aussätzige antwortete ihm kein Wort.

Und das Sternenkind schluchzte klagend auf und sagte: «Mutter, mein Leid ist größer, als ich zu ertragen vermag. Verzeihe mir und lass mich dann zum Wald zurückkehren.»

Und das Bettelweib legte ihre Hand auf seinen Kopf und sagte zu ihm: «Steh auf», und der Aussätzige legte seine Hand auf seinen Kopf und sagte zu ihm: «Steh auf.»

Da stand das Sternenkind auf und blickte sie an, und siehe, sie waren ein König und eine Königin.

Und die Königin sagte zu ihm: «Dies ist dein Vater, dem du geholfen hast.»

Und der König sagte: «Dies ist deine Mutter, deren Füße du mit deinen Tränen gewaschen hast.»

Und beide fielen dem Sternenkind um den Hals, brachten es in den Palast und kleideten es mit schönen Gewändern, setzten die Krone auf sein Haupt und gaben das Zepter in seine Hand; und das Sternenkind herrschte über die Stadt, die am Fluss lag, und war ihr Herr und Gebieter. Viel Gerechtigkeit und Gnade erzeigte es allen; den bösen Zauberer aber verbannte es aus der Stadt. Dem Holzfäller und seinem Weib schickte es viele herrliche Geschenke und ihren Kindern erwies er hohe Ehren. Und es litt nicht, dass jemand grausam war gegen die Vögel und Tiere, und lehrte Liebe und Güte und Erbarmen; den Armen gab es Brot und den Nackten Kleidung, und Friede und Reichtum kamen übers Land.

Aber das Sternenkind herrschte nicht lange, so groß waren seine Leiden gewesen und so bitter die Härte seiner Prüfung. Nach drei Jahren starb es – und jener, der ihm auf den Thron folgte, herrschte übel.

Der ergebene Freund

Eines Morgens streckte der alte Wasser-ratz den Kopf aus seiner Höhle. Er hatte helle runde Augen und einen starken grauen Schnauzbart und sein Schwanz glich einem länglichen Stück schwarzen Gummis. Im Teich schwammen gerade die jungen Enten herum, sie sahen aus wie eine Schar gelber Kanarienvögel. Ihre Mama, die ganz weiß war und echte rote Beine hatte, bemühte sich sehr, ihnen beizubringen, wie sie im Wasser auf ihren Köpfchen stehen sollten.

«Ihr werdet nie zur guten Gesellschaft gehören, wenn ihr nicht auf dem Kopfe stehen könnt», sagte sie immer wieder. Und alle Augenblicke führte sie ihnen vor, wie man's macht. Aber die jungen Entlein hörten nicht auf sie. Sie waren eben noch jung, sodass sie nicht wussten, von welcher Bedeutung es war, überhaupt zur Gesellschaft gezählt zu werden.

«So ungezogene Kinder!», schrie der alte Wasserratz. «Sie verdienten zu ertrinken.»

«Nicht doch», antwortete die Ente, «jeder muss einmal anfangen und Eltern können nie genug Geduld haben.»

«Möglich. Ich weiß nichts von elterlichen Gefühlen», sagte der Wasserratz, «ich bin nicht für die Familie. Ich war niemals verheiratet und beabsichtige auch nicht, es jemals zu sein. Liebe ist ja ganz schön und gut, aber Freundschaft, Freundschaft ist doch um vieles bedeutender. Ich kenne tatsächlich nichts auf der Welt, was edler und seltener wäre als ergebene Freundschaft.»

«Ich bitte Sie, mein Herr, wie stellen Sie sich dann die Pflichten eines ergebenen Freundes vor?», fragte der grüne Hänfling, der nahebei auf einer Weide saß und das Gespräch gehört hatte.

«Ja», sagte die Ente, «das ist gerade das, was ich auch wissen wollte.» Sie schwamm an das Ende des Teiches und stand auf dem Kopf, um ihren Kindern ein gutes Beispiel zu geben.

«Was für eine alberne Frage!», rief der Wasserratz. «Von meinem ergebenen Freund erwarte ich eben, dass er mir ergeben ist.»

«Und wie würden Sie dies vergelten?», erkundigte sich der kleine Vogel, während er auf einem silbrigen Zweig schaukelte und mit seinen kleinen Flügeln schlug.

«Ich verstehe Sie nicht ganz», erwiderte der Wasserratz.

«Lassen Sie mich darüber eine Geschichte erzählen», sagte der Hänfling.

«Dreht sich die Geschichte um meine Person?», fragte der Wasserratz. «Wenn ja, dann will ich sie mir anhören. Ich höre nämlich gern Geschichten, für mein Leben gern.»

«Sie können sie auf sich beziehen», antwortete der Hänfling; er kam näher ans Ufer heran und erzählte die Geschichte vom ergebenen Freund. «Vor langer Zeit», so begann er, «lebte ein junger, ehrlicher Bursch namens Hans.»

«Unterschied er sich wenigstens von andern?», fragte der Wasserratz.

«Nein», erwiderte der Hänfling, «ich glaube nicht, dass er sich irgendwie von andern unterschied, es sei denn durch sein gutes Herz und sein drolliges rundes, gutmütiges Gesicht. Er wohnte ganz allein in einer sehr kleinen Hütte und arbeitete Tag für Tag in seinem Garten. Im ganzen Land gab es keinen lieblicheren Garten. Bartnelken wuchsen dort und Levkojen und Hirtentäschel und Hahnenfuß. Damaszenerrosen blühten darin und gelbe Rosen, lila Krokusse und goldene und purpurne Veilchen neben weißer Akelei, und Wiesenschaumkraut, Majoran und Basilikum, Primel und Lilie, Narzisse und Gartennelke grünten und blühten der Reihe nach, jedes in seinem Monat, und eine Blüte trat an der andern Stelle, sodass ständig der Garten voll schöner Blumen war und es immer angenehm duftete.

Klein Hans hatte viele Freunde, doch sein bester Freund war der starke Hugh, der Müller. Ja, der reiche Müller war Klein Hans so ergeben, dass er niemals an dessen Garten vorbeiging, ohne sich über den Zaun zu beugen und ein Sträußchen Blumen oder eine Hand voll würziger Kräuter zu pflücken oder auch seine Taschen mit Pflaumen oder Kirschen zu füllen, wenn sie gerade reif waren.

‹Wahren Freunden müsste eigentlich alles gemeinsam gehören›, meinte der Müller immer und Klein Hans nickte und lächelte und war stolz, einen Freund mit solch großmütiger Gesinnung zu haben.

Manchmal fanden die Nachbarn es allerdings eigenartig, dass der reiche Müller Klein Hans nie ein Geschenk brachte, obgleich er doch hundert Säcke Mehl in seiner Mühle lagerte, sechs Milchkühe besaß und eine große Herde wolliger Schafe. Aber Hans plagte seinen Kopf niemals mit solchen Fragen; nichts bereitete ihm größeres Vergnügen, als den wundervollen Erzählungen des Müllers zu lauschen, die von der Selbstlosigkeit ergebener Freundschaft berichteten.

So arbeitete Klein Hans unverdrossen in seinem Garten. Während des Frühlings, des Sommers und des Herbstes war er glücklich; aber wenn der Winter begann und er weder Früchte noch Blumen zum Markt bringen konnte, dann plagten ihn Hunger und Kälte nicht wenig; oft musste er ohne Nachtessen zu Bett gehn und sich mit ein paar getrockneten Birnen und einigen harten Nüssen zufrieden geben. Im Winter war er auch am einsamsten, weil der Müller ihn nie besuchen kam.

‹Es hat keinen Zweck, Klein Hans zu besuchen, solange Schnee liegt›, sagte der

Müller oftmals zu seiner Frau; ‹denn stecken die Leute in Sorgen, soll man sie allein lassen und nicht mit Besuchen stören. Dies ist auch meine Ansicht von treuer Freundschaft und ich weiß bestimmt, dass ich Recht habe. Ich werde also bis zum Frühling warten und ihn dann besuchen; dann kann er mir einen großen Korb voll Primeln schenken, und es wird ihn glücklich machen.›

‹Du bist, meiner Seel, sehr besorgt um andre›, erwiderte seine Frau, wie sie grade am warmen Tannenholzfeuer in ihrem bequemen Lehnstuhl saß, ‹wirklich sehr besorgt. Es ist herrlich, dich über Freundschaft reden zu hören. Sicher könnte selbst der Pfarrer nicht so herrliche Dinge sagen wie du, obgleich er doch in einem dreistöckigen Haus wohnt und einen goldnen Ring an seinem kleinen Finger trägt.›

‹Aber könnten wir nicht Klein Hans einladen?›, fragte des Müllers Jüngster. ‹Wenn der arme Hans Hunger hat, geb ich ihm die Hälfte von meinem Essen und ich zeig ihm meine weißen Kaninchen.›

‹Unsinn!›, rief der Müller. ‹Warum schickt man dich eigentlich in die Schule? Du scheinst dort nicht viel zu lernen. Denk doch: Käme Klein Hans zu uns und sähe er unser warmes Feuer, unser gutes Essen und das große Fass Rotwein, so könnte er leicht neidisch werden, und Neid ist etwas Entsetzliches und verdirbt den Charakter. Ich will gewiss nicht zulassen, dass Hans' Charakter verdorben wird. Ich bin sein bester Freund und werde über ihn wachen und zusehn, dass niemand ihn in Versuchung führt. Außerdem: Käme Hans zu uns, könnte er mich doch leicht bitten, ihm Mehl auf Borg zu geben, was ich nicht tun könnte. Mehl und Freundschaft sind zweierlei und man soll sie nicht durcheinander bringen. Warum denn auch! Die Wörter werden verschieden geschrieben und meinen auch zwei vollkommen verschiedene Dinge. Das muss wohl jeder einsehn.›

‹O wie schön du sprichst!›, sagte des Müllers Frau und goss sich ein großes Glas warmes Bier ein. ‹Wirklich, ich bin schon ganz müde; grade wie in der Kirche.›

‹Ja. Viele Leute handeln gut›, antwortete der Müller, ‹aber sehr wenige reden gut, was haargenau beweist, dass das Reden bedeutend schwieriger und noch dazu vornehmer ist.› Und er schaute streng über den Tisch hinweg seinen kleinen Sohn an, der sich so sehr schämte, dass er seinen Kopf hängen ließ, ganz rot wurde und leise in seine Teetasse weinte. Sie müssen jedoch bedenken, dass er sehr jung war, und ihn deshalb entschuldigen.»

«Schon das Ende der Geschichte?», fragte der Wasserratz.

«Nein, nein», entgegnete der Hänfling, «das ist erst der Anfang.»

«Dann leben Sie aber hinterm Mond», sagte der Wasserratz. «Heutzutage beginnt jeder gute Erzähler mit dem Schluss, fährt mit dem Anfang fort und vollendet die Geschichte mit dem Mittelstück. Das ist die neue Methode. Ich hörte davon vor einigen Tagen einen Kritiker reden, der mit einem jungen Mann um den Teich ging. Er sprach darüber des Langen und Breiten und ich glaube ganz sicher, dass er Recht hatte, denn er trug blaue Augengläser und war dazu kahlköpfig, und wann immer der junge Mann die leiseste Bemerkung machte, erwiderte er nur: ‹Bah!› Aber bitte, fahren Sie ruhig fort in Ihrer Geschichte. Mir ist der Müller sehr sympathisch, fühle ich doch auch alle möglichen erhabenen Gefühle, sodass wir uns erstaunlich gleichen.»

«Gut», sagte der Hänfling und hüpfte von einem Bein aufs andere. «Sobald der Winter vorüber war und die Himmelsschlüssel ihre blassgelben Sterne öffneten, meinte der Müller zu seiner Frau, dass er wieder Klein Hans besuchen müsse.

‹Oh, was für ein gutes Herz du hast!›, rief sie. ‹Immer denkst du an andre. Und vergiss nicht, den großen Korb für die Blumen mitzunehmen.›

So band denn der Müller die Flügel seiner Windmühle mit einer starken Eisenkette fest und schritt, den Korb im Arm, den Hügel hinab.

‹Guten Morgen, Klein Hans›, sagte der Müller.

‹Guten Morgen›, sagte Hans, der sich auf seinen Spaten stützte und übers ganze Gesicht lachte.

‹Und wie ging's dir den Winter über?›, fragte der Müller.

‹Oh!›, rief Hans. ‹'s ist schön von dir nachzufragen, wirklich schön von dir. Mein Gott, es ging mir grade nicht besonders gut, aber 's ist ja wieder Frühling, und ich bin glücklich darüber. Meine Blumen haben auch alle gut überwintert.›

‹Wir sprachen oft von dir während des Winters›, sagte der Müller, ‹und dachten, wie's dir wohl ginge.›

‹Das war sehr lieb von dir›, meinte

Hans, ‹ich fürchtete fast, du hättest mich vergessen.›

‹Aber Hans, du setzt mich in Erstaunen›, sagte der Müller. ‹Freundschaft vergisst nie; gerade das ist das Wunderbare der Freundschaft. Doch fürcht ich fast, dass du das Poetische des Lebens nicht verstehst. Wie hübsch übrigens deine Schlüsselblumen blühen!›

‹Ja, ja, sie blühen herrlich›, sagte Hans, ‹und es ist für mich ein großes Glück, dass ich so viele hab. Ich werde sie zum Markt bringen und der Tochter des Bürgermeisters verkaufen. Mit dem Geld kann ich mir dann wieder meinen Schubkarren zurückkaufen.›

‹Den Schubkarren zurückkaufen? Du willst doch nicht sagen, dass du ihn verkauft hast? Wie dumm, so was zu tun!›

‹Ach ja›, sagte Hans, ‹ich musste ihn eben verkaufen. Schau, der Winter war eine böse Zeit für mich und ich hatte wirklich kein Geld, um mir Brot zu kaufen. Ich hab deshalb zuerst die Silberknöpfe von meiner Sonntagsjacke verkauft, dann meine silberne Kette, dann meine große Pfeife und zum Schluss verkaufte ich meinen Schubkarren. Aber ich kaufe alles wieder zurück, gewiss.›

‹Hans›, sagte der Müller, ‹ich geb dir meinen Schubkarren. Zwar ist er nicht mehr im besten Zustand, eine Seite fehlt nämlich und etwas stimmt nicht mit den Radspeichen; aber trotzdem sollst du ihn haben. Ich weiß, ich bin sehr freigebig, und manche Leute werden es für unklug halten, ihn wegzugeben, allein ich bin eben nicht wie die anderen Menschen. Ich glaube auch, dass Freigebigkeit das Wesen der Freundschaft ausmacht, und außerdem habe ich einen neuen Schubkarren für mich. Gut, mach dir keine weiteren Gedanken, ich geb dir meinen Schubkarren.›

‹Nein wirklich? Du bist sehr freigebig›, sagte Klein Hans und sein drolliges rundes Gesicht lachte vor Freude. ‹Ich kann ihn leicht reparieren, denn ich habe ein Brett drinnen im Haus.›

‹Ein Brett!›, sagte der Müller. ‹He, das kann ich gut für mein Scheuerdach brauchen. Das Dach hat ein großes Loch und das Korn wird feucht werden, wenn es nicht geflickt wird. Wie gut, dass du's erwähnt hast! Es ist doch sehr bemerkenswert, wie einer guten Tat immer eine andre folgt. Ich gab dir meinen Schubkarren und du gibst mir nun dein Brett. Der Schubkarren ist zwar mehr, bedeutend mehr wert als das Brett, doch wahre Freundschaft beachtet solche Dinge nicht. Na, so hol es schon, damit ich noch heut an meiner Scheuer arbeiten kann.›

‹O ja›, rief Klein Hans, lief in den Schuppen und schleppte das Brett heran.

‹Es ist nicht besonders groß›, meinte der Müller, als er es sah, ‹und ich fürchte, dass für deinen Schubkarren nicht mehr viel übrig bleibt, wenn ich das Scheuerdach geflickt habe; aber das ist nicht meine

Schuld. Und nun, wo ich dir doch meinen Schubkarren schenkte, glaub ich bestimmt, dass du mir gern noch ein paar Blumen dafür gibst. Hier hast du den Korb und sieh zu, dass du ihn voll machst.›

‹Ganz voll?›, sagte Klein Hans ziemlich betrübt, denn es war ein sehr großer Korb, und er wusste genau, dass ihm nicht eine Blume mehr übrig blieb, wenn er den Korb ganz füllte. Und er wollte doch um alles in der Welt seine Silberknöpfe wiederhaben.

‹Na›, antwortete der Müller, ‹ich geb dir doch meinen Schubkarren, und so glaub ich, dass es nicht zu viel verlangt ist, wenn ich dich um ein paar Blumen bitte. Ich mag Unrecht haben, aber soviel ich weiß, ist Freundschaft, wahre Freundschaft, vollkommen frei von jeglicher Selbstsucht.›

‹Mein lieber Freund, mein bester Freund›, rief da Klein Hans, ‹alle Blumen in meinem Garten sollen dir gehören. Oh, mir liegt doch viel mehr an deiner hohen Meinung als an meinen Silberknöpfen.› Und er eilte, die hübschen Himmelsschlüssel zu pflücken und den Korb des Müllers zu füllen.

‹Leb wohl, Klein Hans›, sagte der Müller und stieg, das Brett auf seiner Schulter und den großen Korb in seiner Hand, den Hügel hinan.

‹Leb wohl›, sagte Klein Hans und grub ganz vergnügt weiter; er freute sich so sehr über den Schubkarren.

Am nächsten Tag band er gerade Jelängerjelieber am Eingang seiner Hütte fest, als er vom Weg her des Müllers Stimme ihn rufen hörte. Er sprang sogleich von der Leiter, lief durch den Garten und schaute über den Zaun.

Dort stand der Müller mit einem Riesensack Mehl über der Schulter. ‹Lieber Klein Hans›, sagte er, ‹würde es dir was ausmachen, den Sack Mehl für mich zum Markt zu tragen?›

‹Oh, es tut mir schrecklich Leid›, sagte Hans, ‹aber ich habe heut viel zu tun. Ich

muss die Schlingpflanzen hochbinden und alle Blumen gießen und den Rasen walzen.›

‹Na schön›, meinte der Müller, ‹ich vermute aber, dass es nicht sehr freundlich von dir ist, mir das abzuschlagen, wenn du nur bedenken wolltest, dass ich dir den Schubkarren schenke.›

‹O nein, sag das nicht›, rief da Klein Hans, ‹nicht um alles in der Welt wollte ich unfreundlich sein.› Und er lief in seine Hütte, holte seine Mütze und schleppte mühsam den Riesensack auf seinen Schultern fort.

Es war ein heißer Tag und die Straße schrecklich staubig. Noch bevor Hans den sechsten Meilenstein erreicht hatte, war er so müde, dass er sich niedersetzen und rasten musste. Er schritt jedoch wieder tapfer weiter und kam zuletzt zum Markt. Nachdem er dort einige Zeit gewartet hatte, verkaufte er den Sack Mehl für einen sehr guten Preis und kehrte darauf schnell heim, denn er fürchtete, dass ihm Räuber begegnen könnten, wenn er zu lange bliebe.

‹Es war, meiner Seel, ein schwerer Tag›, sagte Klein Hans zu sich selber, als er zu Bett ging; ‹jedoch freut es mich, dass ich dem Müller die Bitte nicht abgeschlagen habe, denn er ist mein bester Freund und gibt mir ja seinen Schubkarren.›

Früh am nächsten Morgen kam der Müller den Hügel herab, um das Geld für den Sack Mehl zu holen. Klein Hans aber war so müde, dass er noch im Bett lag.

‹Auf mein Wort›, sagte der Müller, ‹du bist äußerst faul. Wenn du bedenkst, dass ich dir meinen Schubkarren schenke, so glaube ich, wär es nur recht und billig, dass du mehr arbeiten würdest. Müßiggang ist eine große Sünde. Ich seh es einmal nicht gern, wenn einer meiner Freunde faulenzt oder müßig geht. Du darfst nichts dawiderhaben, wenn ich so offen mit dir spreche, natürlich würde ich nicht im Traum daran denken, so zu dir zu reden, wenn du nicht mein Freund wärst. Und was nützt schon alle Freundschaft, wenn einer nicht genau das sagen darf, was er meint? Jeder kann liebenswürdig reden und zu schmeicheln versuchen, ein wahrer Freund aber sagt selbst die unangenehmsten Dinge und scheut sich nicht, dem Freunde wehzutun. Ist er ein wahrer Freund, bei Gott, dann bevorzugt er dies sogar, weiß er doch genau, dass er damit Gutes tut.›

‹Es tut mir schrecklich Leid›, sagte Klein Hans, rieb sich die Augen und nahm die Schlafmütze ab; ‹aber ich war so müde, dass ich noch für eine Weile im Bett bleiben und die Vögel singen hören wollte. Weißt du nicht, dass ich besser arbeite, wenn ich die Vögel hab singen hören?›

‹Schon gut, es freut mich›, sagte der Müller und klopfte Klein Hans auf die Schulter. ‹Du musst sofort, wenn du angezogen bist, zur Mühle kommen und für mich das Scheuerdach flicken.›

Dem armen Hans war sehr darum zu tun, endlich in seinem Garten zu arbeiten, denn schon seit zwei Tagen hatte er seine Blumen nicht mehr begossen. Und doch wollte er nicht gern des Müllers Bitte abschlagen, da dieser ihm ja ein so guter Freund war.

‹Glaubst du, dass es sehr unfreundlich wäre, wenn ich sage, dass ich sehr viel zu tun habe?›, forschte er mit scheuer und furchtsamer Stimme.

‹Na schön›, erwiderte der Müller, ‹ich glaube aber nicht, dass es für dich viel zu fragen gibt, wenn du bedenkst, dass ich dir den Schubkarren schenke; aber freilich, wenn du dich weigerst, werde ich es eben selber tun.›

‹O nein, niemals!›, rief Klein Hans; und er sprang aus dem Bett, kleidete sich an und ging hinauf zur Scheuer.

Dort arbeitete er den ganzen Tag über, bis die Sonne unterging, und mit dem Abschiednehmen der Sonne kam der Müller nachsehen, wie ihm die Arbeit von der Hand ging.

‹Hast du das Loch schon geflickt, Klein Hans?›, fragte der Müller mit heitrer Stimme.

‹Schon ganz geflickt›, erwiderte Klein Hans und kam die Leiter herab.

‹Wahrlich›, sagte der Müller, ‹nichts bereitet mehr Vergnügen als die Arbeit, die man für andre tut.›

‹Es ist gewiss ein großes Vorrecht, dich reden zu hören›, antwortete Klein Hans, setzte sich nieder und trocknete seine Stirn, ‹ein sehr großes Vorrecht. Aber ich glaube nicht, dass ich jemals so herrliche Gedanken haben werde wie du.›

‹Oh! Auch die kommen mit der Zeit›, sagte der Müller, ‹nur musst du dir noch bedeutend mehr Mühe geben. Im Augenblick übst du erst Freundschaft; eines Tages aber werden dir dann auch die Worte kommen, die du darüber sprechen kannst.›

‹Und du glaubst fest daran?›, fragte Klein Hans.

‹Ich zweifle nicht daran›, antwortete der Müller. ‹Aber du gehst nun besser nach Haus, da ja das Dach geflickt ist, und ruhst dich aus; denn morgen sollst du mir die Schafe in die Berge treiben.›

Der arme Hans traute sich nicht, etwas zu erwidern. Schon am frühen Morgen brachte der Müller die Schafe zur Hütte und Hans ging mit ihnen in die Berge.

Den ganzen Tag brauchte er, um hin- und zurückzukommen; und als er endlich wieder in seiner Hütte anlangte, war er so müde, dass er schon auf seinem Stuhl ein- schlief und nicht eher aufwachte, als bis es heller Tag war.

‹Wie werde ich mich heute in meinem Garten freuen›, sagte er und ging sofort an die Arbeit.

Aber seltsamerweise kam er niemals dazu, für seine Blumen auch wirklich zu sorgen, denn sein Freund, der Müller, war immer wieder da und schickte ihn mit langen Aufträgen fort oder nahm ihn mit sich, in der Mühle zu helfen. Klein Hans war darüber oft traurig, denn er fürchtete, dass seine Blumen glauben möchten, er habe sie vergessen. Doch tröstete er sich mit dem Gedanken, dass ja der Müller sein bester Freund sei. ‹Außerdem›, so sagte er oft, ‹außerdem wird er mir seinen Schubkarren geben, und das zeigt doch, wie freigebig er ist.›

So arbeitete Klein Hans für den Müller und der Müller sagte alle möglichen schönen Worte über die Freundschaft, die Hans alle in sein Notizbuch schrieb und am Abend wieder las; denn er war ein sehr braver Schüler.

Nun geschah es eines Abends, als Klein Hans an seinem Ofen saß, dass jemand laut an die Tür pochte. Es war eine stürmische Nacht und der Wind brauste und pfiff so schrecklich um die Hütte, dass Klein Hans zuerst dachte, es wäre der Sturm, der so an der Tür rüttle. Aber da pochte es wiederum und ein drittes Mal, und jedes Mal war das Pochen heftiger.

Es muss ein schutzloser Wanderer sein, meinte Klein Hans und lief an die Tür.

Dort aber stand der Müller mit einer Laterne in der einen Hand und einem dicken Stock in der andern.

‹Mein lieber Hans›, rief der Müller, ‹ich bin am Verzweifeln. Mein kleiner Bub fiel von der Leiter und verletzte sich, und ich bin gerade auf dem Weg zum Arzt. Aber der wohnt so weit entfernt und es ist solch eine schlimme Nacht, dass es mir scheint, es wäre besser, wenn du für mich gingst. Du weißt ja, ich werde dir den Schubkarren schenken, und so ist es nur billig, dass du dafür etwas für mich tust.›

‹Aber ja›, rief Klein Hans, ‹es ist mir doch eine große Ehre, wenn du zu mir kommst. Ich geh sofort. Aber du musst mir deine Laterne leihen, denn die Nacht ist so finster, dass ich leicht in den Graben fallen könnte.›

‹Es tut mir wirklich Leid›, erwiderte der Müller, ‹aber dies ist meine neue Laterne und es wäre ein großer Schaden für mich, wenn sie beschädigt würde.›

‹Gut, gut, ich gehe auch ohne Laterne›, rief Klein Hans, nahm seinen schweren Pelz vom Bügel und setzte seine warme scharlachrote Mütze auf, wand den Schal um seinen Hals und ging los.

Hui! Das war ein schrecklicher Sturm. Die Nacht war pechschwarz, sodass Klein Hans sich kaum zurechtfinden konnte, und der Wind blies so sehr, dass er sich kaum aufrecht halten konnte. Doch er war sehr beherzt, und als er an die drei Stunden gegangen war, erreichte er das Haus des Arztes und klopfte ans Tor.

‹Wer ist draußen?›, rief der Arzt und streckte seinen Kopf aus dem Schlafzimmerfenster.

‹Klein Hans, Herr Doktor.›

‹Und was wünschst du, Klein Hans?›

‹Des Müllers Sohn fiel von der Leiter

und verletzte sich und der Müller bittet Euch, sofort zu kommen.›

‹Gut›, sagte der Arzt; er ließ satteln und Stiefel und Laterne bringen, kam herab und ritt sofort zum Haus des Müllers. Klein Hans schritt hinter ihm drein.

Aber der Sturm wurde immer grimmiger und der Regen fiel in Strömen. Klein Hans sah nicht mehr, wohin er ging, und konnte auch nicht mit dem Pferd Schritt halten. Plötzlich kam er vom Weg ab und verirrte sich ins Moor, das ein sehr gefährlicher Ort war, und dort ertrank Klein Hans. Einige Geißhirten fanden am nächsten Tag seinen Leichnam, der in einem großen Wasserloch schwamm, und sie brachten ihn in seine Hütte zurück.

Alle nahmen sie an Klein Hans' Begräbnis teil, war er doch überall bekannt, und am meisten trauerte der Müller.

‹Da ich sein bester Freund war›, sagte der Müller, ‹ist es nur recht und billig, dass ich auch den besten Platz einnehme.› Deshalb schritt er, angetan mit einem langen schwarzen Rock, an der Spitze des Trauerzuges, und alle Augenblicke wischte er mit einem großen Taschentuch über seine Augen.

‹Klein Hans ist für jeden ein großer Verlust›, sagte der Hufschmied, als das Begräbnis vorüber war und sie alle gemütlich im Gasthaus saßen, Gewürzwein tranken und Kuchen aßen.

‹Jedenfalls ein großer Verlust für mich›, erwiderte der Müller. ‹Ich hatte ihm meinen Schubkarren so gut wie geschenkt und nun weiß ich wirklich nicht, wohin mit ihm. Zu Hause ist er mir nur im Weg, und außerdem ist er in einem so schlechten Zustand, dass ich nichts dafür bekäme, wenn ich ihn verkaufen wollte. Gewiss werde ich mich künftig hüten, nochmals etwas wegzuschenken. Immer leidet man unter der eignen Großzügigkeit.›» –

«Und dann?», fragte nach einer langen Pause der Wasserratz.

«Und dann? Die Geschichte ist aus», sagte der Hänfling.

«Und was wurde aus dem Müller?», wollte der Wasserratz wissen.

«Oh! Ich weiß es nicht», erwiderte der Hänfling. «Es ist mir auch höchst gleichgültig.»

«So ist es ganz und gar erwiesen, dass Ihr Charakter absolut kein Mitgefühl kennt», sagte der Wasserratz.

«Es scheint mir, als hätten Sie die Moral der Geschichte nicht begriffen», bemerkte der Hänfling.

«Die was?», schrie der Wasserratz.

«Die Moral.»

«Wollen Sie denn sagen, dass diese Geschichte eine Moral hat?»

«Allerdings», entgegnete der Hänfling.

«Bei meiner Seel», sagte der Wasserratz sehr verärgert, «ich meine, Sie hätten mir das auch gleich zu Anfang sagen können. Hätten Sie's getan, hätte ich Ihrer Geschichte nie zugehört. Höchstens hätte ich

‹Bah!› gerufen wie der Kritiker. Ich kann's aber auch jetzt noch tun.» Und so schrie er «Bah!» mit sich überschlagender Stimme, peitschte mit seinem Schwanz das Wasser und verkroch sich in seine Höhle.

«Und wie gefällt Ihnen nun der Wasserratz?», fragte die Ente, die nach einer Weile herangeschwommen kam. «Er hat zwar viele gute Seiten, aber ich für mein Teil empfinde eben wie eine Mutter und kann niemals einen so hart gesottenen Junggesellen anblicken, ohne dass mir Tränen in die Augen kommen.»

«Ich fürchte sehr, dass ich ihn belästigt habe», antwortete der Hänfling. «Ich habe ihm nämlich eine Geschichte mit einer Moral erzählt!»

«Oh! Es ist ein gefährlich Ding, so was zu tun», antwortete die Ente.

Und ich bin ganz ihrer Meinung.

Der junge König

Es war die Nacht vor dem Krönungs-fest und der junge König saß allein in seinem herrlichen Gemach. Seine Höf-linge hatten, wie es die Sitten der Zeit und des Hofes verlangten, sich tief vor ihm verneigt und Urlaub genommen und sich in den großen Saal des Palastes begeben, um noch den letzten Unterricht des Pro-fessors der Etikette zu erhalten. Es waren nämlich einige unter ihnen, die immer noch ein natürliches Benehmen hatten, was bei einem Höfling, es braucht kaum erwähnt zu werden, ein sehr schwer wie-gender Fehler ist.

Der königliche Knabe – mit seinen sechzehn Jahren war er noch ein Knabe – war keineswegs betrübt darüber, dass die Höflinge ihn verlassen hatten, mit einem tiefen Seufzer der Erleichterung lehnte er sich auf die weichen Kissen seines bestickten Sofas zurück und lag dort wildäugig und mit offenem Mund wie ein brauner Waldfaun oder wie ein junges Wild, das die Jäger eben eingefangen.

Und, ja, es waren auch die Jäger gewesen, die ihn gefunden hatten, schier nur durch Zufall, wie er barfüßig, die Flöte in der Hand, der Herde des armen Geißhirten gefolgt war, der ihn aufgezogen und für dessen Sohn er sich gehalten hatte. Als des alten Königs einziger Tochter Kind aus einer heimlichen Ehe mit einem, der weit unter ihrem Stand gewesen – einem Fremden, so sagten manche, in dessen zaubrisches Lautenspiel sich die junge Prinzessin verliebt hatte; andere flüsterten von einem Künstler aus Rimini, dem die Prinzessin viel, vielleicht zu viel Ehren erwies und der dann plötzlich die Stadt verlassen hatte, ohne die Arbeit in der Kathedrale zu vollenden –, war er, kaum eine Woche alt, von der Seite der schlafenden Mutter gerissen

und in die Obhut eines Hirten und dessen
Weib gegeben worden, die keine eigenen
Kinder hatten und im entlegensten Teil des
Waldes, weiter als einen Tagritt von der
Stadt entfernt, lebten. Gram oder – wie der
Hofarzt feststellte – die Pest oder – wie
manche vermuteten – ein rasch wirkendes
italienisches Gift, einem Becher Würzwein
beigemischt, tötete kaum eine Stunde nach
ihrem Erwachen das bleiche Mädchen, das
den Knaben geboren hatte. Und als der zu-
verlässige Bote, der das Kind überm Sattel-
bogen trug, von seinem müden Rosse stieg
und an die grobe Tür der Hirtenhütte
pochte, wurde der Leichnam der Prinzessin in ein offenes Grab hinuntergelassen,
das man außerhalb der Stadtmauern in
einem einsamen Kirchhof gegraben hatte,
ein Grab, in dem, wie man sagte, schon ein
andrer Leichnam lag, der Leichnam eines
jungen Mannes von vollkommener und
fremdartiger Schönheit, dessen Hände mit
einem derben Strick auf dem Rücken gefes-

selt waren und dessen Brust viele rote Wunden zeigte.

So jedenfalls lautete die Geschichte, die man einander zuflüsterte. Gewiss aber war, dass der alte König auf dem Sterbebett, vielleicht von der Reue über seine große Sünde oder nur vom Wunsch bewogen, sein Königreich möge nicht einem andern zufallen, nach dem Knaben suchen ließ und vor dem versammelten Rat ihn als Erben anerkannte.

Und es scheint, dass der Knabe vom ersten Augenblick an, da man ihn als König anerkannte, Anzeichen einer seltsamen Leidenschaft für alle Schönheit zeigte, die so großen Einfluss auf sein Leben haben sollte. Diejenigen, die ihn zum ersten Mal durch die Flucht der für ihn bestimmten Gemächer geleitet hatten, sprachen später oft von dem Schrei der Lust, der aus ihm hervorgebrochen war, als er das kostbare Geschmeide gesehen hatte und die reichen Gewänder, die für ihn gefertigt worden

waren, und von der unmäßigen, wilden
Freude, mit der er sein derbes Lederwams
und seinen rauen Schaffellmantel von sich
geworfen hatte. Zuzeiten vermisste er
wohl die herrliche Freiheit des Waldle-
bens, und die langweiligen Hofzeremo-
nien, die einen so großen Teil des Tages in
Anspruch nahmen, vermochten ihn immer
nur zornig zu machen; allein der wunder-
volle Palast – «Joyeuse» genannt –, dessen
Herr er nun war, schien ihm eine neue Welt
zu sein, frisch geschaffen für ihn. Und sobald er dem Rat und den Audienzen ent-
fliehen konnte, lief er die breiten Treppen
mit den Löwen aus vergoldeter Bronze und
den glänzenden Porphyrstufen hinab und
wanderte von Gemach zu Gemach, von
Gang zu Gang wie einer, der in der Schönheit Linderung von Schmerz, ja Genesung
von einer Krankheit zu finden sucht.

Auf diesen Entdeckungsreisen, wie er sie
nannte – und es waren ja für ihn Reisen
durch ein wundersames Land –, war er

manchmal von den blonden schlanken
Pagen des Hofes mit ihren fliegenden Män-
teln und fröhlich flatternden Bändern be-
gleitet; öfter aber war er allein, da er mit
sicherem Gefühl, das einer Ahnung gleich
war, erfasste, dass die Geheimnisse der
Kunst sich nur im Geheimen zu erkennen
geben und die Schönheit, gleich der Weis-
heit, den einsamen Andächtigen liebt.

Um diese Zeit erzählte man sich manch
eigenartige Geschichte von ihm. Man
sprach davon, dass ein dicker Bürgermeis-
ter, der gekommen war, um eine blumen-
reiche Rede im Namen der Bürger der
Stadt zu halten, ihn sah, wie er, in Bewun-
derung versunken, vor einem großen Ge-
mälde kniete, das eben aus Venedig gekommen war und die Anbetung neuer
Götter zu künden schien. Ein andermal
hatte man ihn, nachdem er schon einige
Stunden vermisst worden war, nach lan-
gem Suchen in einem kleinen Gemach gefunden, das in einem der Nordtürme des

Palastes lag, wie er verzückt auf eine griechische Gemme starrte, in die Adonis' Gestalt geschnitten war. Man hatte gesehen, so erzählte man, wie er seine warmen Lippen auf die Marmorbraue einer antiken Statue presste. Gefunden hatte man sie im Flussbett, als man die steinerne Brücke baute, und der Name des bithynischen Sklaven Hadrian war darin eingemeißelt. Und einmal bestaunte er eine lange Nacht hindurch das Spiel des Mondlichts auf einem silbernen Abbild Endymions.

Ja, alle seltenen und kostbaren Dinge vermochten ihn zu bezaubern, und in seiner Begierde, sie zu erlangen, sandte er viele Kaufleute aus, die einen, um von den wetterfesten Fischern der Nordmeere Bernstein zu erhandeln, die andern nach Ägypten, den eigenartigen grünen Türkis zu suchen, den man nur in den Königsgräbern findet und der, wie man weiß, Zauberkräfte besitzt; und wieder andere sandte er nach Persien, um von dort seidene Teppiche und bemalte Tongefäße zurückzubringen, und wieder andere nach Indien, um feinste Gewebe und gefärbtes Elfenbein zu kaufen und Mondsteine und Geschmeide von Jade, Sandelholz und blaues Email und Schals aus feinster Wolle.

Doch am meisten hatte ihn die Robe beschäftigt, die er zur Krönung tragen sollte, die Robe aus Goldgewebe und die rubinbesetzte Krone und das Zepter mit Schnüren und Ringen von Perlen. Und gerade davon träumte er diese Nacht, als er, zurückgelehnt auf seinem weichen Sofa, auf das Tannenscheit blickte, das im offenen Kamin langsam verbrannte. Die Entwürfe, von den Händen der berühmtesten Künstler der Zeit geschaffen, waren ihm vor vielen Monden schon vorgelegt worden und er hatte Befehl gegeben, dass die Künstler Tag und Nacht hindurch arbeiteten, sie zu verfertigen, und in der ganzen Welt nach Edelsteinen gesucht werde, die ihrer Arbeit würdig seien. Er sah sich schon vor dem

Hochaltar der Kathedrale im strahlenden Krönungskleid stehen, und ein Lächeln spielte um seinen Knabenmund und leuchtete mit hellem Glanz in seinen dunklen Waldaugen auf.

Nach einer Weile erhob er sich aus seiner Ruhe und schaute, an die geschnitzte Blende des Kamins gelehnt, in den dämmrigen Raum. Die Wände waren mit wertvollen Gobelins verhangen, die den Triumph der Schönheit zeigten. Ein großer Schrank, mit Achaten und Lapislazuli eingelegt, füllte einen Winkel aus und dem Fenster gegenüber stand ein eigentümlich gearbeiteter Sekretär mit lackierten Füllungen von Goldstaub und Goldmosaik. Darauf standen zierliche Kelche aus Venezianer Glas und eine Schale aus dunkel geädertem Onyx. Blasse Mohnblüten waren auf die Seidendecke des Bettes gestickt, als wären sie den müden Händen des Schlafs entfallen, und schlanke kannelierte Elfenbeinsäulen trugen den samtnen

Baldachin, von dem große Büschel Strau-
ßenfedern sich wie weißer Schaum zum
matten Silberrelief der Zimmerdecke hoben. Ein lachender Narziss aus grüner
Bronze hielt sich einen blinkenden Spiegel
über den Kopf. Auf dem Tisch stand eine
flache Schale aus Amethyst.

Durchs Fenster sah er die gewaltige
Kuppel der Kathedrale, die in der Ferne
wie eine große Blase über die schattigen
Häuser ragte, und die ermüdeten Schild-
wachen, die die Uferterrasse am Fluss auf
und ab gingen. Fern in einem Garten sang
eine Nachtigall. Leichter Duft von Jasmin
kam durchs offene Fenster. Er strich sich
die braunen Locken aus der Stirn, nahm
eine Laute und ließ seine Finger über die
Saiten gleiten. Seine müden Lider schlos-
sen sich und eine seltsame Schlaffheit über-
kam ihn. Niemals noch hatte er so heftig
oder mit so tiefer Freude den Zauber und
das Geheimnis schöner Dinge empfunden.

Als es vom Glockenturm Mitternacht

schlug, schüttelte er eine Tischglocke; seine Pagen traten ein und entkleideten ihn nach dem Brauche, schütteten Rosenwasser über seine Hände und streuten Blumen auf sein Kissen. Als sie das Gemach verlassen hatten, schlief er nach wenigen Augenblicken ein.

Und als er schlief, träumte er; und dies war sein Traum:

Er glaubte sich in einer langen, niedrigen Dachstube mitten im Sausen und Klappern vieler Webstühle. Das spärliche Tageslicht kam durch die vergitterten Fenster und zeigte ihm die hagern Gestalten der Weber, die sich über die Rahmen beugten. Bleiche, kränkliche Kinder kauerten auf den Querbalken. Wenn die Webschiffchen durch den Einschlag sausten, hoben sie die schweren Richtscheite, und wenn die Schiffchen stillstanden, ließen sie die Richtscheite fallen und schoben die Fäden dicht aneinander. Ihre Gesichter waren vom Hunger gezeichnet und ihre dünnen Hände zitterten. Abgehärmte Frauen saßen am Tisch und nähten. Schrecklicher Geruch erfüllte die Stube. Die Luft war stickig und schwer und die Wände troffen von Feuchtigkeit.

Der junge König ging zu einem der Weber, stellte sich neben ihn und sah ihm zu.

Und der Weber blickte ihn böse an und sagte: «Was schaust du mir zu? Bist du ein Spion, den der Herr geschickt hat?»

«Wer ist dein Herr?», fragte der junge König.

«Unser Herr!», rief der Weber bitter. «Er ist ein Mensch wie ich. Jawohl. Nur dieser Unterschied ist zwischen uns: Er trägt feine Gewänder und ich trage Lumpen, er leidet nicht unter seiner Unmäßigkeit, mich aber entkräftet der Hunger.»

«Das Land ist frei», sagte der junge König, «und du bist nicht eines Menschen Sklave.»

«Im Krieg», erwiderte der Weber, «machen die Starken die Schwachen zu Sklaven und im Frieden machen die Reichen die Armen zu Sklaven. Wir müssen arbeiten für unser Leben und sie geben uns einen so gemeinen Lohn, dass wir sterben. Wir mühen uns für sie den ganzen Tag, sie aber häufen Gold in ihre Truhen; unsere Kinder verwelken vor ihrer Zeit und die Gesichter jener, die wir lieben, werden hart und böse. Wir keltern die Trauben, ein andrer trinkt den Wein. Wir säen das Korn, aber unser eigner Tisch ist leer. Wir sind gekettet, doch kein Auge sieht es; wir sind Sklaven, obgleich sie uns frei nennen.»

«Ist es mit allen so?», fragte der junge König.

«So ist es mit allen», antwortete der Weber, «so mit den Jungen wie mit den Alten, mit den Frauen wie mit den Männern, mit den Kindern wie mit den Greisen. Die Kaufleute unterdrücken uns; wir aber müssen tun, was sie befehlen. Der Priester kommt vorüber und betet seinen Rosenkranz, doch keiner kümmert sich um uns. Durch unsre sonnenlosen Gassen schleicht die Armut mit ihren hungrigen Augen und die Sünde folgt ihr mit aufgedunsenem Gesicht auf dem Fuß. Die Not weckt uns am Morgen und die Schande sitzt bei uns in der Nacht. Doch was bedeutet es dir? Du bist keiner von uns. Dein Antlitz ist zu glücklich.» Er wandte sich murrend weg und schleuderte das Schiffchen durch den Webstuhl, und der junge König sah, dass ein Faden von Gold dareingefädelt war.

Großer Schrecken befiel ihn und er fragte den Weber: «Für wen ist das Kleid, an dem du gerade webst?»

«Es ist das Kleid für die Krönung des jungen Königs», erwiderte er. «Was geht es dich an?»

Der junge König aber schrie laut auf und erwachte und oh!, er war in seinem eignen Gemach und durchs Fenster sah er den großen honigfarbnen Mond im dunklen Himmel hängen.

Und wieder schlief er ein und träumte; und dies war sein Traum:

Er glaubte, auf dem Deck einer riesigen Galeere zu liegen, die hundert Sklaven ruderten. Neben ihm auf einem Teppich saß der Galeerenmeister. Er war schwarz wie Ebenholz und sein Turban war von roter Seide. Große Silberringe zogen die dicken Ohrläppchen nieder und in seinen Händen hielt er ein Paar elfenbeinerner Waagschalen.

Die Sklaven waren nackt bis auf einen Fetzen von Lendenschurz und jeder von ihnen war an den Nachbarn gekettet. Die heiße Sonne brannte voll auf sie, und Neger liefen auf und nieder und schlugen mit Lederpeitschen ihre Rücken. Sie reckten die dürren Arme und zogen die schweren Ruder durchs Wasser, dass salziger Schaum von den Ruderblättern flog.

Schließlich erreichten sie eine kleine Bucht und loteten den Meeresgrund. Von der Küste blies ein leichter Wind; er überzog das Deck und das große Lateinsegel mit feinem rotem Staub. Drei Araber auf wilden Eseln ritten ihnen entgegen und warfen Speere gegen sie. Der Galeerenmeister nahm einen bunten Bogen und schoss einem von ihnen durch die Kehle. Der fiel schwer in die Brandung und die andern sprengten davon. Eine Frau, gehüllt in einen gelben Schleier, folgte langsam auf einem Kamel und blickte dann und wann nach dem Toten.

Sobald sie nun den Anker ausgeworfen und das Segel eingeholt hatten, stiegen die Neger ins Innere des Schiffs hinab und brachten eine mit Blei beschwerte Strickleiter mit nach oben. Der Galeerenmeister warf sie über Bord und befestigte die oberen Enden an zwei eisernen Haken. Dann ergriffen die Neger den jüngsten der Sklaven und nahmen ihm die Fesseln ab, sie füllten ihm Nase und Ohren mit Wachs und banden einen großen Stein um seine Hüften. Müde kroch er die Leiter hinab und versank im Meer. Blasen stiegen auf, wo er hinabgesunken. Einige der anderen Sklaven blickten neugierig über Bord. Im Bug der Galeere saß ein Haifischbeschwörer und schlug monoton auf eine Trommel.

Nach einer Weile kam der Taucher an die Oberfläche des Wassers und klammerte sich keuchend, eine Perle in seiner rechten Hand, an die Leiter. Die Neger entrissen sie ihm und stießen ihn zurück. Über ihren Rudern schliefen die Sklaven ein.

Wieder und wieder kam der Taucher hoch und jedes Mal brachte er eine wunderschöne Perle mit. Der Galeerenmeister wog sie und bewahrte sie dann in einem Beutel von grünem Leder.

Der junge König versuchte zu sprechen, doch seine Zunge schien am Gaumen zu kleben, und seine Lippen weigerten sich, Worte zu formen. Die Neger schwatzten miteinander und stritten sich plötzlich wegen einer blitzenden Perlenschnur. Fortwährend kreisten zwei Kraniche ums Schiff.

Dann kam der Taucher zum letzten Mal aus der Tiefe und die Perle, die er bei sich hatte, war herrlicher als alle Perlen von Ormus; denn sie war wie der volle Mond und weißer als der Morgenstern. Doch des Sklaven Gesicht war seltsam bleich, und wie er an Deck zu Boden fiel, schoss ihm das Blut aus Nase und Ohren. Er zitterte etwas, dann lag er still. Die Neger zuckten die Schultern und warfen den Toten über Bord.

Der Galeerenmeister lachte; er langte nach der Perle, nahm sie, und als er sie besehen hatte, presste er sie an die Stirn und verbeugte sich. «Sie soll fürs Zepter des jungen Königs sein», sagte er und gab den Negern das Zeichen, den Anker hochzuziehen.

Und als dies der junge König hörte, schrie er auf und erwachte. Durch das Fenster sah er die langen grauen Finger der Dämmerung nach den verschimmernden Sternen langen.

Und wieder schlief er ein und träumte; und dies war sein Traum:

Es war ihm, als wanderte er durch einen dunklen Wald, von dessen Bäumen seltsame Früchte und herrliche, aber giftige Blüten hingen. Nattern stießen nach ihm, als er vorüberschritt, und die leuchtenden Papageien flogen schreiend von Zweig zu Zweig. Riesige Schildkröten lagen schlafend im heißen Schlamm. Die Bäume waren voll von Affen und Pfauen.

Weiter und weiter ging er, bis er das Ende des Waldes erreichte. Eine Unmenge Männer arbeiteten dort in einem ausgetrockneten Flussbett. Sie liefen die Uferfelsen hinauf wie Ameisen. Sie gruben tiefe Löcher in den Boden und stiegen hinab. Manche spalteten die Felsen mit großen Kreuzäxten; andere durchwühlten den

Sand. Sie rissen die Kakteen mit den Wurzeln aus und zerstampften die purpurnen Blüten. Sie eilten und hasteten, sie riefen einander zu und niemand war da, der müßig ging.

Aus dem Dunkel einer Höhle spähten Tod und Habsucht hervor und der Tod sagte: «Ich bin es müde zu warten; gib mir den dritten Teil der Leute und lass mich gehn.»

Aber die Habsucht schüttelte den Kopf. «Es sind meine Diener», antwortete sie.

Und der Tod fragte: «Was hast du in deiner Hand?»

«Drei Weizenkörner», erwiderte sie. «Was kümmert es dich?»

«Gib mir eins von den Körnern für meinen Garten», rief der Tod, «nur eins, und ich will gehn.»

«Ich werde dir nichts geben», sagte die Habsucht und versteckte die Hände in den Falten ihres Gewandes.

Der Tod aber lachte, nahm einen Becher

und tauchte ihn in eine Wasserlache und aus dem Becher stieg das Wechselfieber. Es ging durch die Leute hin und ein Drittel stürzte tot zu Boden. Kalter Nebel folgte ihm und die Wasserschlangen krochen zu seinen Seiten.

Als die Habsucht sah, dass ein Drittel der Arbeiter tot war, schlug sie ihre Brust und wehklagte. Sie schlug ihren vertrockneten Busen und schrie laut: «Du hast den Drittteil meiner Diener getötet, weiche von hier. In den Gebirgen der Tataren ist Krieg und die Könige rufen nach dir. Die Afghanen erschlugen den schwarzen Stier und marschieren in die Schlacht. Sie hauen auf ihre Schilde mit den Speeren und stülpen ihre Eisenhelme über. Was bietet dir da mein Tal, dass du hier verweilst? Geh! Und kehre nie wieder zurück.»

«Nicht», antwortete der Tod, «bis du mir das Weizenkorn gibst.»

Aber die Habsucht schloss die Hand und biss die Zähne zusammen. «Ich werde dir nicht das Geringste geben», stieß sie hervor.

Der Tod aber lachte, er nahm einen schwarzen Stein, warf ihn in die Wälder und aus dem Dickicht wilden Schierlings kam das Fieber in flammendem Kleide. Es ging durch die Leute und berührte sie und jeder, den es berührte, starb. Und wohin es trat, verdorrte das Gras.

Die Habsucht erschauderte und streute Asche auf ihr Haupt. «Du bist grausam», rief sie, «du bist grausam! Hungersnöte sind in den ummauerten Städten Indiens, und Samarkands Zisternen sind vertrocknet. Hungersnöte sind in den ummauerten Städten Ägyptens und die Heuschrecken kommen aus den Wüsten. Der Nil hat seine Ufer nicht überflutet, die Priester haben Isis und Osiris verflucht. Geh zu ihnen, die dich brauchen, und lass mir meine Diener.»

«Nicht», sagte der Tod, «bis du mir eines der Körner gegeben hast.»

«Nichts werde ich dir geben», kreischte die Habsucht.

Und wieder lachte der Tod; er pfiff durch die Finger und ein Weib flog durch die Luft. «Pest» stand auf ihrer Stirne geschrieben und dürre Geier umkreisten sie. Die Pest deckte das Tal mit ihren Flügeln und niemand entging ihr.

Die Habsucht floh schreiend durch den Wald, der Tod schwang sich auf sein rotes Pferd und sprengte davon und sein Galopp war schneller als der Wind. Aus dem Schlamm im Grunde des Tales krochen Drachen und entsetzliche Schuppentiere; durch den Sand kamen die Schakale herangetrottet und ihre Nasen schnupperten in der Luft.

Der junge König weinte und fragte: «Wer waren diese Menschen, was suchten sie?»

«Nach Rubinen suchten sie für eines Königs Krone», antwortete jemand in seinem Rücken.

Und der junge König erschrak; er drehte sich um und erblickte einen Menschen als Pilger gekleidet, der einen Spiegel von Silber in der Hand hielt.

Des jungen Königs Gesicht wurde fahl und er sagte: «Für welchen König?»

Der Pilger antwortete: «Schau in diesen Spiegel und du wirst ihn sehen.»

Er blickte in den Spiegel und sah sein eignes Gesicht, und er schrie auf und erwachte, das helle Sonnenlicht verbreitete sich in seinem Gemach und von den Bäumen des Parks und des Lustgartens sangen die Vögel. – Der Zeremonienmeister und die hohen Würdenträger des Staates kamen in das Gemach, in dem der junge König schlief, und brachten ihre Huldigung dar; die Pagen näherten sich mit der Robe aus gewirktem Gold und legten Krone und Zepter vor ihn hin.

Der junge König schaute sie an: Sie waren wundervoll. Herrlicher waren sie als alles, was er je gesehen. Doch da erinnerte er sich seiner Träume und er sagte zu den Würdenträgern: «Nehmt diese Dinge und bringt sie weg; ich werde sie nicht tragen.»

Die Hofleute waren erstaunt, einzelne lachten sogar, denn sie glaubten, der König habe gescherzt.

Doch er wiederholte ernst und bestimmt: «Nehmt diese Dinge und versteckt sie vor mir. Mag immer heute mein Krönungstag sein, ich werde diese Kostbarkeiten nicht tragen. Denn im Webstuhl der Sorge und mit den weißen Händen der Not wurde dieses Kleid gewebt; im Herzen des Rubins ist Blut und Tod ist im Herzen der Perle.» Und dann erzählte er ihnen seine Träume.

Nachdem die Hofleute sie gehört hatten, blickten sie einander an und flüsterten: «Er ist wirklich verrückt; denn was ist ein Traum andres als ein Traum und eine Vision andres als eine Vision? Sie sind nichts Greifbares, dass man sie beachten müsste. Und was haben wir schon mit dem Leben der Leute zu tun, die für uns arbeiten? Soll denn ein Mensch nicht vom Brot essen, bevor er den Sämann gesehn hat, oder nicht vom Wein trinken, bevor er mit dem Winzer gesprochen?»

Und also sprach der Zeremonienmeister zum jungen König: «Majestät, ich bitte Euch, vergesst diese Eure dunklen Gedanken. Kleidet Euch mit dieser schönen Robe und setzt diese Krone auf Euer Haupt. Wie sollte das Volk wissen, dass Ihr ein König seid, wenn Ihr nicht die Gewänder eines Königs tragt?»

Der junge König blickte ihn an. «Ist es so?», fragte er. «Werden sie mich nicht als König erkennen, wenn ich nicht die Gewänder eines Königs trage?»

«Sie werden Euch nicht erkennen, Majestät», antwortete der Zeremonienmeister.

«Und ich glaubte, dass es Menschen gegeben hat, die königlich waren ohne solche Kleider», antwortete er, «doch es mag so sein, wie Ihr sagt. Dies Kleid aber will ich nicht tragen, noch will ich gekrönt sein mit dieser Krone. So, wie ich zum Palaste gekommen bin, will ich wieder von hier gehn.»

Und er bat sie, ihn zu verlassen bis auf einen Pagen, den er als seinen Begleiter zurückbehielt, ein Knabe, wohl ein Jahr jünger als er. Ihn behielt er zu seinem Dienste, und nachdem er sich in klarem Wasser gebadet hatte, öffnete er eine große bemalte Truhe und nahm das Lederwams und den Schaffellmantel daraus, die er getragen hatte, als er noch die struppigen Ziegen des Geißhirten in den Hügeln weidete. Er zog das Lederwams an und legte den Mantel über die Schulter und in seine Hand nahm er den alten Hirtenstab.

Voll Staunen öffnete der Page seine großen blauen Augen und sagte lächelnd zu ihm: «Majestät, ich sehe Eure Kleider und Euer Zepter, doch wo ist Eure Krone?»

Da brach der junge König einen Zweig wilder Rosen, die über den Balkon wuchsen, bog ihn und machte einen Reif daraus, den er auf sein Haar drückte.

«Dies soll meine Krone sein», antwortete er.

So gekleidet verließ er sein Gemach und ging in den Großen Saal, wo die Edlen auf ihn warteten.

Die Edelleute lachten, als sie ihn sahen; einige riefen ihm zu: «Majestät, das Volk erwartet seinen König und Ihr zeigt ihm einen Bettler.» Andre zürnten ihm und sagten: «Schande bringt er über das Land; er ist unwürdig, unser Herr zu sein.» Er aber antwortete ihnen mit keinem Wort, schritt an ihnen vorüber die glänzenden Porphyrstufen hinab und hinaus durch die bronzenen Tore. Er stieg auf sein Pferd und ritt zur Kathedrale und der kleine Page begleitete ihn.

Das Volk lachte, wie er so dahinritt, und sagte: «Der da vorrüberreitet ist wohl des Königs Narr.» Und alle spotteten über ihn.

Der junge König zog die Zügel, hielt an

und sprach: «Nein, ich bin der König.»
Und er erzählte den Leuten seine drei
Träume.

Ein Mann schritt da aus der Menge vor
und sagte bitter zu ihm: «Herr, wisst Ihr
denn nicht, dass die Armen von der Ver-
schwendung der Reichen leben? Euer Ge-
pränge ernährt uns und Euer Aufwand
gibt uns Brot. Es ist wohl bitter, für einen
Herrn arbeiten zu müssen, aber bittrer
noch, für keinen Herrn arbeiten zu können. Denkt Ihr denn, dass die Raben uns
füttern werden? Oder habt Ihr gar eine
Abhilfe dafür? Wollt Ihr denn zum Käufer
sagen: ‹Du sollst für soundso viel kaufen›,
und zum Kaufmann: ‹Du sollst zu dem
und dem Preis verkaufen›? Ich glaube
kaum. Deshalb geht zurück zu Eurem Palast und kleidet Euch in Purpur und Seide.
Was habt Ihr schon mit uns und unsern
Leiden zu tun?»

«Sind nicht Arme und Reiche Brüder?»,
fragte der junge König.

«Ja», erwiderte der Mann, «und des reichen Bruders Name ist Kain.»

Des jungen Königs Augen füllten sich mit Tränen und er ritt weiter durch das murrende Volk. Der kleine Page jedoch bekam Angst und ließ seinen König im Stich.

Als der junge König vor das große Portal der Kathedrale kam, streckten ihm die Wachen ihre Hellebarden entgegen und sagten: «Was suchst du hier? Niemand als der König tritt durch dieses Tor.»

Vom Zorn rötete sich sein Gesicht und er sagte zu ihnen: «Ich bin der König», schob die Hellebarden zur Seite und trat ein.

Der alte Bischof, der ihn in des Geißhirten Gewand kommen sah, erhob sich verwundert von seinem Thron, ging ihm entgegen und sagte zu ihm: «Mein Sohn, darf ein König so erscheinen? Mit welcher Krone soll ich Euch krönen und welches Zepter soll ich Euch in die Hand legen? Dieser Tag sollte nicht ein Tag der Erniedrigung sein für Euch, sondern ein Tag der Freude.»

«Soll denn, was der Schmerz gemacht hat, die Freude kleiden?», fragte der junge König. Und er erzählte ihm seine drei Träume.

Der Bischof hörte ihn an und hob dann die Brauen und sagte: «Mein Sohn, ich bin ein alter Mann und stehe schon im Herbst meines Lebens. Ich weiß, dass viel Übles getan wird auf dieser Welt. Die schrecklichen Räuber kommen von den Bergen herunter, rauben die kleinen Kinder und verkaufen sie an die Mohren. Die Löwen lauern den Karawanen auf und springen die Kamele an. Das Wildschwein reißt die Saat im Tale aus und die Füchse benagen die Reben am Hügel. Die Seeräuber verwüsten die Küsten, verbrennen die Boote der Fischer und nehmen ihnen die Netze. In den Salzsümpfen leben die Aussätzigen verlassen in Hütten aus geflochtnen Binsen und niemand darf in ihre Nähe kommen.

Durch die Städte ziehen die Bettler und essen mit den Hunden. Könnt Ihr es ändern? Wollt Ihr den Aussätzigen in Euer Bett und den Bettler an Euren Tisch nehmen? Soll der Löwe Euren Bitten nachkommen und das Wildschwein Euch gehorchen? Ist nicht Er es, der das Elend weiser machte als Euch? Deshalb lobe ich Euch nicht für Euer Tun, sondern bitte Euch: Reitet zurück zum Palast, lasst Euer Antlitz strahlen und kleidet Euch in Gewänder, die eines Königs würdig sind. Und mit der goldnen Krone werde ich Euch krönen und das Perlenzepter in Eure Hände legen. Eure Träume vergesst. Die Last dieser Welt ist zu schwer für einen einzigen Menschen und ihrer Sorgen sind zu viele für ein einziges Herz.»

«Ihr sagt das? In diesem Hause?», erwiderte der junge König und schritt am Bischof vorbei. Er stieg die Stufen zum Altar hinan und stand vor Christi Bild.

Vor dem Herrn stand er. Zur Rechten

und zur Linken glänzten die köstlichen Goldgefäße: der Kelch mit dem gelben Wein, die Schale mit dem heiligen Öl. Er kniete nieder. Die hohen Kerzen brannten hell zuseiten des juwelenbesetzten Tabernakels und der Weihrauch wölkte in blauen Ringen durch den Dom. Der junge König neigte sein Haupt im Gebet und die Priester in ihren steifen Kaseln entfernten sich vom Altar.

Plötzlich erhob sich ein wilder Tumult auf der Straße draußen vor dem Portal der Kirche; die Edlen des Reiches kamen herein mit gezogenen Degen und wippendem Federschmuck und Schilden von glänzendem Stahl. «Wo ist der Träumer der Träume?», riefen sie. «Wo ist dieser König, der sich wie ein Bettler kleidet – dieser Knabe, der unserm Land Schande bringt? Wir werden ihn töten! Er ist nicht würdig, unser König zu sein.»

Wieder beugte der junge König sein Haupt und betete. Als er sein Gebet been-

det hatte, stand er auf und richtete traurig seine Blicke auf die Eindringlinge.

Und siehe: Durch die farbigen Fenster strömte das Sonnenlicht über ihn; die Strahlen woben ein Kleid um ihn, das herrlicher war als das Krönungskleid, das zu seinem Gefallen angefertigt worden war. Der dürre Stab grünte und trug Lilien, weißer als Perlen. Der dürre Rosenzweig um sein Haupt grünte und trug Rosen, röter als Rubine. Die Lilien waren weißer als Perlen und ihre Stempel waren aus Silber. Die Rosen waren röter als Rubine und ihre Blätter waren von gehämmertem Gold.

So stand er da im Gewande eines Königs; die Türen des juwelenbesetzten Tabernakels sprangen auf und vom Kristall der vielstrahligen Monstranz leuchtete ein wunderbares mystisches Licht. Er stand da im Kleid eines Königs und die Herrlichkeit Gottes erfüllte den weiten Raum, und die Heiligen in ihren Nischen schienen sich zu bewegen. Im hellen Kleid eines Königs stand er vor den Menschen; und die Orgel verströmte ihre Melodien, die Bläser bliesen auf ihren Posaunen und die Sängerknaben sangen.

In Ehrfurcht fiel das Volk aufs Knie und die Edlen steckten ihre Degen in die Scheide und huldigten ihm. Des Bischofs Antlitz färbte sich weiß und seine Hände zitterten. «Ein Größerer als ich hat Euch gekrönt», rief er und kniete vor dem König nieder.

Der junge König aber schritt hinab vom Hochaltar und ging mitten durch das versammelte Volk zurück zum Palast. Niemand wagte sein Gesicht anzuschauen, denn es war wie eines Engels Antlitz.

Foto: Bildarchiv preußischer Kulturbesitz

Oscar Fingal O'Flahertie Wills Wilde wird am 16. Oktober 1854 in Dublin geboren. Von 1864 bis 1871 besucht der junge Wilde die Portora Royal School, von 1871 bis 1874 das Trinity College in Dublin. Mit zwanzig beginnt er sein Studium am Magdalen College in Oxford. Er reist in den folgenden Jahren nach Italien und Griechenland, macht 1878 sein Abschlussexamen mit Auszeichnung und zieht ein Jahr später mit Frank Miles in eine gemeinsame Wohnung nach London.

1881 veröffentlicht er erste Gedichte und reist Ende des Jahres durch die USA und Kanada zu einer großen Vortragsreise. Er wird als Kunstkritiker, Autor, Redner und Ästhet von der Gesellschaft umschwärmt, genießt und empfindet seine Reise als Triumphzug.

Von einem längeren Parisaufenthalt kehrt er 1883 nach London zurück und heiratet ein Jahr später Constance Mary Lloyd, Tochter aus einer angesehenen Juristenfamilie. Die Söhne Cyril und Vyvyan kommen 1885 und 1886 zur Welt.

In den darauf folgenden Jahren veröffentlicht er unter anderem «The Happy Prince and Other Tales», «The Picture of Dorian Gray», «Lord Arthur Savile's Crime and Other Stories»,

«Lady Windermere's Fan», «A Woman of No Importance», Kritiken und Essays.

Wildes Liebe zu Lord Alfred Douglas wird schließlich sein Verhängnis: 1895 wird er zu zwei Jahren Freiheitsentzug mit Zwangsarbeit verurteilt. Er scheitert an der viktorianischen Scheinmoral, die ihn wegen zahlreicher Affären mit Freunden ächtet. 1897, nach seiner Entlassung aus dem Gefängnis, verlässt Wilde England, verbringt die letzten vier Jahre seines Lebens neben Reisen in die Schweiz und nach Italien vor allem in Frankreich. Er stirbt am 30. November 1900 in Paris im Hôtel d'Alsace.

Jassen Ghiuselev, 1964 in Sofia geboren, besuchte die dortige Kunstschule von 1978 bis 1983.

1985 Fortsetzung des Studiums an der Kunstakademie. Seit 1990 freischaffender Künstler.

Zehn Jahre handwerklicher Ausbildung haben seinen brillanten Stil geprägt. Seine Illustrationen erschienen vor allem in Italien, die Bilderbücher im Schreiber Verlag. Internationale Ausstellungen in Bologna und Tokio. Zweimal bekam er den LUCHS der Jury von «Radio Bremen und DIE ZEIT».

Auswahl der Veröffentlichungen:
- Illiade und Odissea, La Nuova Italia, Florenz 1991
- Novellen von Carel Čapek, Giunti, Florenz 1991/92
- Titelbilder für Club degli Editori, Milano 1991
- Tarocchi del terzo milennio und Tarocchi di Leonardo, Lo Scarabeo, Torino 1991/92
- Das grimmsche Märchen «Die Bienenkönigin», Schreiber Verlag, Esslingen 1994
- Artus und Excalibur, Schreiber Verlag, Esslingen 1995

Arbeitete schon für Vanity und Vogue in Italien. Auszug aus der ZEIT, Juni 1994, für den LUCHS 93: «Auf raffinierte Weise verfremdet er Idylle, zeigt Brüche, Risse, demonstriert mit formalen Mitteln Nähe und Ferne der Märchen. Er versinkt also nicht berauscht in altmeisterlicher Manier, sondern schafft bewusst Kontraste, reflektiert die malerischen Möglichkeiten und zwingt den Betrachter zur Reflexion.»

ROTFUCHS – 25 JAHRE JUNG: DAS JUBILÄUM

25 rotfuchs Taschenbücher im Jubiläumsformat
Einmalige Ausgabe